# 美しいを　さがす旅に　でよう

［増補新版］

田中真知

白水社

美しいをさがす旅にでよう［増補新版］　もくじ

デザイン――三木俊一（文京図案室）

# 黄金の扇風機

われわれは風景や花にふれて美しいと感じる。音楽を聞いたり、絵や彫刻を見たりしても美しさを感じる。自然のものであれ、人間の手の加わったものであれ、われわれはごく自然に美しいという感情を抱《いだ》く。

同時に人間はみずから美しさを求め、つくりだそうとする。絵を描いたり、彫刻を彫《ほ》ったりするだけではなく、着るものを選んだり、花を飾ったりというふうに、美しいものをすすんで生活にとりいれようとする。

人間はいつごろから美しさを意識するようになったのだろう。

南アフリカの洞窟《どうくつ》からは、幾何学模様《きかがくもよう》の刻《きざ》まれた七万五千年前の赤鉄鉱《せきてっこう》のかたまりが見つかっている。同じ洞窟からは、首飾りとして使われたらしい穴のあいた巻き貝の殻《から》も見つかっている。そんな大昔から、人間には、生きるうえで、美しさというものを求めずにはいられない本能的な衝動《しょうどう》が備《そな》わっていた。

ところで、なにを美しいと感じるかは、民族や地域や文化によっても、ずいぶんちがう。

ぼくは一九九〇年代に八年ほどエジプトのカイロで暮らしたことがある。暮らしはじめるにあたって、アパートを探したり、生活に必要な日用品をそろえたりした。そのたびに違和感をおぼえたのは、エジプトと日本の美的センスのちがいだった。

たとえば、アパートの内装——。

外国人が借りるのは、ほとんどが家具付きのアパートだ。しかし、せっかく間取《まど》りや場所は気に入っても、置いてある家具になかなかなじめない。ヴェルサイユ宮殿からもってきたかのような猫足のテーブル、パーティー会場のようなシャンデリア、金色に塗られた派手《はで》な枠付きの鏡、ピンクに金の花柄《はながら》をあしらったベッドなど、異様《いよう》なゴージャス感にあふれているのだ。

電化製品もそうだった。扇風機《せんぷうき》を買いに電気屋に行くと、店に並んでいる扇風機の羽の大半が金色である。ただでさえ暑いのに、金色の羽で送られてくる風なんて、いっそう暑苦しそうである。

妻が靴《くつ》を買いに行っても、シンプルな黒のパンプスがない。金色のラインが何本も入っていたり、金ぴかのチョウチョの飾りがくっついていたりする。それがなければいいのにと彼女はいうのだが、エジプトの人にとっては、この金ぴかの飾りこそがチャームポイントなのである。

つまり、シックなもの、シンプルなものというのは、ここでは趣味のよいものとは見なされない。

金づくしプラス、ヴェルサイユ宮殿風のロココ趣味、それがエジプトでは美の条件と見られていたのだ。さすが、ツタンカーメンの黄金のマスクの国だけある。国や文化が変われば、美的感覚は大きく異なるものだなあと感心したものだった。

ところが、それから三、四年ほどたったころだ。店で見かける電化製品や家具などの趣味が、明らかに変わってきたことに気づいた。

たとえば、数年前にはなかなか見つからなかった黒いシンプルな靴が目につくようになった。扇風機の羽も金色から、涼しげな色のものが増えてきた。女性たちの化粧《けしょう》も変化した。以前はエジプトで口紅といえば、たいていショッキングピンクか派手な赤だったのが、シックなブラウン系の口紅をつけた女性を見かけるようになった。それでも日本と比べれば十分、派手でゴージャスなのだが、以前と比べると違和感は明らかに減った。

いえることは二つある。一つは、さっきもいったように、なにを美しいと感じるかは文化や地域によって、さまざまだということ。もう一つは、その感覚は絶対的なものではなくて、時代とともに、あるいは何かのきっかけがあれば「変わる」ということだ。

ただ、気になることもある。それはエジプトでも感じたように、美意識のちがいによる違和感が、世界的にだんだん薄れてきていることだ。

エジプトにいながら、シンプルな黒い靴や、涼しげな柄の扇風機が手に入るのは、そこで生活していたぼくたちにとっては歓迎すべきことだった。けれども、それは逆にいえば、金色の扇風機の羽を美しいと感じる感覚がエジプトから失われることを意味する。日本人からすれば、「金色の羽は、ちょっと……」というのは平均的な感じ方だろう。しかし、エジプト人も、あるいはほかの国の人たちも、同じように「金色の羽は、ちょっと……」と感じるようになることが、本当にいいことなのだろうか。むしろ「金色の羽はやっぱり美しい」と感じたり、あるいは「いや、扇風機の羽は赤にかぎる」「いや、緑だ」といった、さまざまな美意識があっていいのではないだろうか。

現在はグローバリズムの浸透《しんとう》やテレビやネットなどの情報メディアの普及《ふきゅう》によって、世界中の価値観が徐々《じょじょ》に似通《にかよ》ってきているように思う。先進国で美しいとされるものが、異なる文化や歴史を持つ国であっても美しいとされるようになってきているのである。

たとえば、ミス・ユニバースなどの美人コンテストで選ばれる「世界一の美女」というのは、明らかに欧米の美意識を基準に選ばれている。同様にシックなものやシンプルなものがいいというのも、欧米文化の中で、たまたま現在はそういう価値観が受け入れられているということである。しかし、その価値観だけが支配的になってしまうことは、そうでない見方を否定し、劣《おと》ったものと見なしてしまうような暴力にも結びつきかねない。

美しさとはさまざまであり、しかも、それは変化する。こわいのは、そのダイナミックな感覚が失われ、ある特定のものだけを美しいと見なすような、こわばった見方に陥《おちい》ってしまうことだ。あるいはその逆に、美しさはさまざまだからといって、自分の感じる美しさの中にとどまりつづけることは、かえって世界の美しさを見落とすことにもなりかねない。こんな話がある——。

遠い昔、中国で、ある皇帝に息子が生まれた。皇帝はその子を俗世間の汚れに染まらぬよう、皇位を継《つ》ぐ日が来るまで宮殿の秘密の部屋から一歩も外に出さずに育てた。部屋にはある高名な絵師の書いた、みごとな絵がたくさん飾られていた。王子は毎日その絵をながめて暮らし、いつか外の世界にでて、絵にあるような美しい世界や、さまざまな喜びや、天女《てんにょ》のような美女たちに出会えることを楽しみにしていた。

さて、時が来て部屋からでることを許された王子は、高殿《たかどの》にのぼって初めて外の世界を目にした。しかし、空の雲は、絵に描かれていた雲ほど美しくない。街を歩いても、絵の中の街の美しさとは比べものにならない。女たちもまた描かれた天女たちの美しさには及びもつかなかった。息子は現実の世界の醜悪《しゅうあく》さを呪《のろ》い、これらの絵を描いた老絵師を処刑しようとする……。

これはフランスのユルスナールという作家が、中国の古い伝説に想《そう》を得て書いた『老絵師の行方《ゆくえ》』という作品の一部である。まわりにあふれかえる、おびただしい情報に閉じこめられて、目の前にあるはずの美しさが見えにくくなっているという意味で、いまわれわれの置かれている状況は、この王子の立場と似ているような気もする。

けれども「美しい町」や「美しい風景」が初めからあるのではない。そこに美しさを見出すのは、それを見るわれわれのほうである。心をしなやかにもつことによって、世界はいくらでも新しい美しさを見せてくれるはずだ。では、秘密の部屋をでて、まだ気づいていない「美しい」をさがす旅にでかけよう。

# 1

# 風景は発明されたもの

## 風景は学習しなくては見えない

アフリカの田舎を歩いていると、外国人が珍しいせいか、子どもたちに取りかこまれることがある。こちらが歩き出すと、たいてい、いっしょにぞろぞろとついてくる。しかたないので、適当に相手をしながら歩きまわり、気に入った風景などがあるとカメラをかまえる。そんなとき子どもたちは、カメラを持つこちらの手元をじっと見つめていたり、レンズの前に顔を突き出してきたりする。

あるとき、アフリカのスーダンの山の中で、断崖《だんがい》の上から眼下《がんか》に広がる雄大《ゆうだい》な風景に向けてカメラをかまえていた。そのときまわりを取りかこんでいた子どもの一人が「いったい、なに撮《と》っているの」といった。なにって、この風景に決まっているじゃないかと内心つぶやきながら断崖の向こうを指《さ》すと、子どもたちは指した方向を見て、いぶかしんでいる。それから「なにもないよ」といって顔を見合わせて不思議《ふしぎ》そうにしている。

そのとき、「そうか、この子たちは、この風景を美しいと感じて見ているわけではないのか」と思った。彼らの目からすれば、ぼくが美しいと感じている風景は、とくに気にとめるようなものではないのだろう。アフリカでは一般的な感覚として、写真とは記念写真や証明写真のように人が写っているものだ。人もいない風景に、わざわざカメラを向けるのが不思議に思えても無理はない。

そのとき、子どもの一人が、「バカル、バカル」と声をあげて、遠くの方を指さした。バカルとは現地の言葉でウシのことだ。すると、ほかの子どもたちも、「バカル、バカル」と声をあげた。この外国人はウシを撮っていたのだといっているのだ。残念ながら、ぼくはウシを撮っていたわけではない。だいたいウシなんて、どこにも見当たらない。ところが、子どもの指さす方に目をこらすと、たしかに遠くの山の斜面に数頭のウシの姿が豆粒ほどの大きさで見えている。それは超望遠レンズでもなければ撮れないほど遠かったし、いわれなければ気づくこともなかった。

でも、子どもたちは、この外国人はウシを撮っていたということで納得がいったようだった。まあ、いいか。風景を撮っていたんだよと説明したって、おそらくわかってはもらえまい。子どもたちが目の前に広がる景色を、風景という概念でとらえているかどうかも怪《あや》しかったし、それを美しいと感じて撮るという行為は、説明しようにも、彼らの理解の範疇《はんちゅう》を超えているはずだ。

考えてみれば、ぼくだって子どものころ、風景を見て美しいと感じたことなんてなかった。遠足で山や湖など景色のいい土地を訪れても、クラスの気になる女の子や、友だちとふざけるのに心を奪われていて、風景などろくろく目もくれなかった。

それなのに、どうして大人になったいま、風景を見て美しいと感じられるのだろう。もちろん、人によってどのような風景を美しく感じるかはそれぞれだろうが、それでも地平線に沈む夕日や、紅葉《こうよう》に染まった秋の山や、満開の桜などを見ると、日本人の多くは美しいと感じる。しかし、これらの風景にしたって、子どものときはなんとも思っていなかったはずだ。それをいま美しいと思えるのは、なぜなのか。それは、こうした風景を美しいとする文化の中で生活するうちに、その文化の見方にしたがって自分の感性がつくられていったからだろう。

幼い子は花を見ても、最初からそれをきれいだと思って見ているわけではない。お母さんや大人が「ほら、お花、きれいね」というのを聞くうちに、「ああ、そうか、花はきれいなんだ」ということを学んで、そう感じるようになるのである。逆に、お母さんがゴキブリを見て「キャー」と恐がれば、子どもはゴキブリは恐いものだと学ぶ。

風景も同じではないか。テレビや写真や本、歌詞、絵はがき、パンフレット、ポスターなどの情報を通して、紅葉は美しいとか、夕焼けはきれいだ、京都の清水寺《きよみずでら》では写真を撮るものだということを、われわれは知らず知らずのうちにすり込まれていく。実際、美しいと感じる風景とは、たいてい過去にどこかで目にしたことがあるものだ。もちろん美意識のすべてが、文化のすり込みによってつくられるとはいえないが、それがものの見方や感じ方に大きな影響を与えているのは否定できない。

スーダンの山の中の子どもたちは、写真は知っていても、ふだんはテレビはもちろん、写真にも雑誌にも接する機会のない暮らしをしていた。生活の中で、風景だけを取りだして、それを味わうこともないだろう。そんな彼らが、ぼくがカメラを向けていた景色の中で、唯一、関心をもって見ることのできたのがウシだった。

ウシは彼らの文化の一部だった。ウシを連れて放牧《ほうぼく》にも出かけるし、大人たちが、これは立派なウシだなどと話すのを聞いたこともあるかもしれない。だから、遠くの山の斜面にウシを見つけたとき、彼らは「ああ、こいつはウシの写真を撮っているのだ」というふうに、ぼくの行為を自分たちの文化の文脈に結びつけて理解することができたのだ。

もっとも、そのあと、子どもたちは、ぼくがウシに興味があるとかんちがいしたらしく、ぼくをウシがたくさんいる場所へ連れて行ってくれて、さあ、写真を撮れとうながした。しかたないので、パチリと何枚かウシに向かってシャッターを切った。

## 自然に関心のなかった古代人

文化がちがえば、見えている風景もちがう。同様に時代がちがっても、風景の見え方は変わってくる。いまのわれわれが美しい風景だと思っているものを、昔の人たちも同じように美しいと感じて見ていたとはかぎらない。古い時代の旅行記を読むと、昔の旅人たちは、現代人とはずいぶんちがった目で、まわりの世界を見ていたことに気づかされる。そのちがいを一言でいうならば、自然への関心がほとんど見られないことだ。

紀元前三世紀頃、いまのエジプトのアレクサンドリアに住んでいたフィロンというギリシア人は、当時の世界の七不思議とよばれるものをリストアップしている。もともとのギリシア語では「七大観光名所」といったような意味で、旅行をするなら、ぜひ見ておきたいもののリストといったところだ。それは次の七つである。

エジプトの大ピラミッド
バビロンの空中庭園
オリンピアのゼウス像
ロードス島の巨像
バビロンの城壁《じょうへき》
エフェソスのアルテミス神殿
ハリカルナッソスの霊廟《れいびょう》

これを見ると、当時の人びとが、どんなものを魅力的だと考えていたかがわかる。いずれも人工的な巨大建築物ばかりだ。しかし、このリストの中には、国立公園や世界遺産で取り上げられるような山や河などの自然の景観は、ひとつも含まれていない。つまり、自然は観光の対象ではなかったのだ。たとえ、グランド・キャニオンやアルプスの氷河がそばにあったとしても、わざわざそれらを見に行こうという発想そのものが当時はなかったのである。

この七不思議の一つでもある大ピラミッドを訪れた古代の旅人の一人に、古代ギリシアの歴史家ヘロドトスがいる。ヘロドトスはいわば世界最初の旅行作家だった。紀元前五世紀頃、彼は地中海からアジア、アフリカにかけて古代世界を広く旅行して、その見聞《けんぶん》を『歴史』という本にくわしく書き残している。

ところが、その好奇心旺盛《おうせい》なヘロドトスですら、自然の景観にはほとんど関心を向けていない。当時の古代世界をおそらくだれよりも広く旅していながら、彼の本の中には自然の風景に感心したと思われるような記述は、まったく見られない。

たとえばエジプトについてヘロドトスは「筆舌《ひつぜつ》に絶した建造物が他のいかなる国よりも多数存在する」と書く。彼が巨大な建物の数々に驚いている様子は伝わってくる。しかし、山やナイル川、砂漠などの自然については、ほとんどふれていない。せいぜいエジプトの山について、「山中に貝類が見られ、地表に塩分が吹き出て、そのためにピラミッドが浸食《しんしょく》をうけるほどである」といった地理的・実利的な情報を記しているくらいである。

ローマ時代に、パウサニアスという旅行家が書いた古代の旅行ガイドブック『ギリシア案内記』でも、自然の風景にはほとんどふれられていない。書かれているのは、神殿や墓などの歴史的記念物の説明や、神話や伝承の紹介がほとんどである。

古代ギリシア人が自然に関心をもつのは、そこに人間の生活に役に立つものがあるか、あるいは神話や伝説とかかわりがあるときだった。たとえば、当時の観光名所に、コーカサスの崖《がけ》やクレタ島の岩穴といわれるものがあった。そこが名所になったのは、コーカサスの崖が、ゼウスが巨人を縛《しば》りつ

古代世界の七不思議

エジプトの大ピラミッド　　バビロンの空中庭園

エフェソスのアルテミス神殿　　オリンピアのゼウス像

ハリカルナッソスの霊廟　　ロードス島の巨像

アレクサンドリアの大灯台（ただしフィロンは「バビロンの城壁」を挙げている）

けた場所とされていたからであり、クレタ島の岩穴がゼウスの生まれた場所と信じられていたからである。岩穴や崖といった自然のありのままの姿が、人を引きつけたわけではない。

古代の人びとは、つねに過去に起きた事件にしたがって、自然を見ていた。崖を見上げて「ああ、ここでゼウスは巨人と戦ったのか」と思うことはあっても、彼らが山に登って「ああ、すばらしい景色だなあ」と感じていたわけではないようなのだ。少なくとも、彼らの残した記録からは、彼らが海や山や川を見て、その自然の姿に感動していたことをうかがわせるような記述は見当たらない。

もし、古代の人びとが観光用に絵はがきをつくったとしたら、おそらく神殿や英雄の墓や彫像といったものばかりが取り上げられていたのだろう。一方、今日売られているような、船を浮かべたナイル川とか、夕日に染まるエーゲ海とか、雪をいただいたギリシアの山々といった風景を主題とした絵はがきは、おそらくつくられなかったはずだ。あるがままの自然の風景は、美しいものとして認識されるどころか、まだ人びとの意識にすらのぼっていなかったのである。

## 山は大地のイボ

西洋世界では、人びとの自然に対する無関心が、中世、ルネサンスを通じてつづいた。これは絵画にも表われていた。当時は、まだ風景画というのは存在していなかった。

中世の絵画は、キリスト教をテーマとしたものがほとんどだった。その主題の背景として木々や鳥、山々などの自然の風景が描かれることはあった。しかし、その描かれ方はイラストのように装飾的であり、きちんと見て描かれたものではなかった。

なぜ、この時代の人びとは自然に関心を持たなかったのか。そこにはキリスト教の影響がある。キリスト教は、人間を霊的に高い存在と見なし、動物やそのほかの自然とは区別する。このため絵画にも自然を主題とするという考え方はなかった。人の手の加わった田園などは別だが、手つかずの自然は恐ろしいものでしかなかったのである。

一六世紀イタリアの文人で鉱山の現場監督も務《つと》めていたアンニバル・カーロという人は、当時としては珍しく山の眺めについて詩を書いている。しかし、そこにも自然への親近感は見られない。

鉄色の大岩の矛先《ほこさき》と崖の間の砦《とりで》
岩石の頂《いただき》のてっぺんには
城砦《じょうさい》の残骸《ざんがい》がひとかたまり残る
ころんでしがみつけば　手足の骨が折れる
よろめいたり、むっつりして歩いていたりすれば
ころんで歯欠けになってしまう
ともかくあたりにあるのは洞窟、とげ
洞穴、あばらや、難所《なんしょ》ばかり

当時の人びとにとって、山は悪魔の住むいまわしい世界であった。英文学者のマージョリー・ニコ

ルソンによると、一七世紀以前のヨーロッパでは、山は「自然の美観を損《そこ》ない、地上の調和を脅《おびや》かす不快な突起物」と見なされていたという。山は「大地のイボやコブ」であり、旅人の行く手をはばむ醜悪な障害物だった。

では、人びとはなにを美しいと感じていたのだろう。

一六世紀のフランスの随筆家《ずいひつか》モンテーニュは旅好きで、イタリアの温泉をめぐりながら一年以上にもおよぶ旅をしている。その旅日記には道中で彼の心をときめかした風景についてもたくさんふれられている。それによると、彼を魅了したのは、果樹園や麦畑など、人によって手入れされ、活用された自然の姿だったようである。一方で、アルプスの山についてはは恐れをかくさない。

「われわれに触れんばかりの山々は、ほとんどみな恐ろしい岩山で、あるものは大きな岩の塊《かたまり》であり、あるものは本流によってひび割れ砕け、またあるものは鱗《うろこ》のようにはげ落ちて、麓《ふもと》の方にびっくりするような大きな石をいくつも落としている」(コールマンにて)

いまでこそ、ヨーロッパ・アルプスの風景は美しいものとされているが、当時は、同じ風景が逆に恐ろしいものに見えていたのである。

## 山の美しさを見た人

人びとが野生の自然や山を魅力的なものとして感じるようになるのは、一八世紀になってからだった。それまで、人びとにとって山の風景というのは存在していないも同然だった。山を越えて旅をしていた人たちはいたにもかかわらず、彼らの目にはそれは風景として映っていなかった。当然ながら、楽しみのために山に登るという「登山」という発想は存在しなかった。好きこのんで悪魔のすみかである山に行こうなどと考える人はいなかったのである。

だが、登山という概念がなかった時代に、純粋な興味から山に登った人もいないわけではなかった。その一人が一四世紀のイタリアの詩人ペトラルカである。彼は一三三六年、弟とともに、ヴァントゥ山という一九一二メートルの山に登っている。当時の人たちがいまわしい世界と見なしていた山に、ペトラルカはどうして登る気になったのか。彼は知人の修道士へ宛《あ》てた手紙の中でこう書いている。

「このあたり一番の高山はいみじくもヴァントゥ山とよばれていますが、私は今日、これに登りました。ただ、有名な高山の頂を見てみたいという願望にかられてのことです。私は多年この旅のことをひそかに思っていました」

「ただならぬさわやかな大気、ひろびろとした打ちひらけた眺望に感動し、私は茫然《ぼうぜん》と立ちつくしました。……右手にはリヨン地方の山々、左手にはマルセイユの海や、エーグ・モルトの岸辺に打ち寄せる白波が、歩くと何日もかかる距離なのに、じつにはっきりと見えるのです。……」

この言葉は、いまのわれわれの感覚からすれば、ごく当たり前な山登りの感想としか思えない。しかし、一四世紀のヨーロッパにおいては、このような感想はきわめて異色だった。だが、これこそ西洋の歴史の中で、人間が初めて自然の山を美しいと感じた瞬間を記した言葉だった。

山の景色に感動したことはペトラルカ本人にとっても驚きだったらしい。とまどった彼は、その場で愛読書であった中世の神学者アウグスティヌスの本を読み出す。すると、偶然「人びとは外に出て、山の高い頂……などに賛嘆《さんたん》し、自己自身のことはなおざりにしている」という一節が目に飛びこんでくる。ペトラルカははっとわれに返り、山の眺めに感動したことを軽はずみであったと反省したほどである。

## 崇高とピクチャレスク

人びとが野生の自然を美しいと感じるには、まだ経験が不足していた。一七世紀には人びとは野生の自然ではなく、大理石の泉や噴水で飾られた庭園のような人工的な自然を好んだ。しかし、一七世紀後半からイギリスの貴族の子弟《してい》の間で流行しはじめた新しい形の旅が、人びとの自然に対する感覚にメスを入れはじめた。それが「グランドツアー」と呼ばれるヨーロッパ周遊旅行だった。

グランドツアーは、イギリスの貴族の子弟が教養ある一人前の貴族になるために、家庭教師同伴で長期にわたって行なう修学旅行のようなものだ。フランスでは礼儀作法《さほう》や社交の流儀を身につけ、イタリアではルネサンスの美術に触れたり、ローマ時代の遺跡を訪ねて教養を深めるのが目的だった。古代の旅人が「七不思議」の場所を訪ねて、過去の栄光への思いにふけるのと、よく似ていた。ちがっていたのは、フランスからイタリアへ行くために、アルプスを越えなくてはならなかったことだ。このとき彼らは、経験したことのない手つかずの山の荒々しさを、いやおうなく味わうことになった。そのことが、結果的に彼らの美意識に大きな変化をもたらす。それまで恐怖や嫌悪《けんお》を起こさせる存在でしかなかった山が、ロマンチックな興奮をかきたてるものへと変貌《へんぼう》を遂《と》げたのである。

グランドツアーのインパクトは大きかった。一八世紀の半ばには、多くの人がこぞってスイスを訪れ、その風景を賛美するようになる。それまでだれも目もくれなかった断崖や氷河、滝や轟音《ごうおん》が、いまや旅の魅力として語られるようになる。

一八世紀後半の思想家ルソーは『告白』の中でつぎのように書く。

「私のいう風景という意味は、もうおわかりだと思う。いくら美しいといっても、平坦な地方は、私には美しく見えない。私に必要なのは、奔流《ほんりゅう》、岩石、樅《もみ》の木、暗い森、山々、上り下りの険《けわ》しい道、恐るべき断崖である」

これはその半世紀ほど前までの人びとの感性と比べると、まるっきり逆だ。ルソーが挙《あ》げているのは、それまで、むしろ忌《い》みきらわれていた風景だ。しかし、人びとはそこに「崇高《すうこう》」とよばれる新しい美しさを感じたのである。

「崇高」とは、巨大なもの、荒々しいもの、恐ろしいものなどにふれたときに湧《わ》きあがる美的感情である。それまで、たんなる恐怖としか名づけようのなかったその感覚に「崇高」という名前が与えられ、それによって、アルプスの風景は魅力的なものに感じられるようになったのである。

「崇高」のほかに、一八、九世紀に流行した美的概念に「ピクチャレスク」というものもある。「ピクチャレスク」とは「絵のような」という意味だ。だが、それは庭園のように加工された自然ではなく、山岳《さんがく》や湖沼《こしょう》や荒れ地などのダイナミックな風景を意味した。人びとはピクチャレスクな風景をもとめて、それまで都市化の遅れた僻地《へきち》と見なされていた場所を、こぞって訪れるようになった。今日なら当たり前である「風景を見に行くための旅」が、この頃、初めて生まれたのである。

「絵のような」という本来の意味どおり、ピクチャレスクな旅には、お手本となる絵が存在していた。代表的なのは、険《けわ》しい山や嵐や海、廃墟《はいきょ》などを好んで描いたサルヴァトール・ローザや、神話の黄金時代を思わせるユートピア的な古代風景を描いたクロード・ロランらの絵である。

当時のイギリス人たちは、ローザやロランの絵のような風景を求めて、湖水地方やウェールズ地方などのイギリスの田舎を散策した。その際、「クロード・グラス」と呼ばれる携帯式の凸面鏡《とつめんきょう》を持ち歩くのが流行した。これは風景を縮小して手元に映し出す鏡だった。鏡の表面がセピア色に処理されていたせいで、そこに写《うつ》る映像も淡《あわ》いセピア色になり、黄金《こがね》色の光を帯《お》びたクロード・ロランの絵のような印象ができあがるというわけである。

つまり、一八世紀の人びとは、自然の山や風景に、クロード・ロランのようなピクチャレスクな絵画のイメージを重ね合わせて、美を感じていたのである。それは、古代の旅人が、ギリシアやローマの神話や伝承を念頭において自然を見ていたのと変わらない。現代のわれわれも絵はがきやポスターに影響されて、それに近い実際の風景を見ると美しいと感じる。自然を美しいと感じるには、神話や絵のような、なんらかのフィルターが必要なのである。

## 名所と風景のちがい

西洋が一八世紀にいたるまで、自然に対して無関心でありつづけたのに対して、古くから日本人は自然を意識してきた。日本には、草木虫魚《そうもくちゅうぎょ》にはすべてカミが宿っているというアニミズム的な物の見方がある。それは自然に低い価値しか与えてこなかったヨーロッパのキリスト教世界とは対照的である。

古代において、巨石や巨木はカミが降りてくるところとされていた。磐座《いわくら》とよばれる巨石、鎮守《ちんじゅ》の森、富士山、滝などは、カミの住む聖なる空間として信仰の対象とされてきた。このような自然のとらえ方に、中国から入ってきた山水画《さんすいが》や風水《ふうすい》が影響を及ぼした。山水画は仙人の住む理想郷を描いた絵であり、風水は土地の吉凶《きっきょう》を、地形や水の流れ方から占う思想である。日本人が自然を見るときの様式は、こうしてつくられていった。

たとえば、沖合《おきあい》に大小二つの岩がならんでいれば、それは「夫婦岩《めおといわ》」とよばれるし、長く伸びていれば「烏帽子岩《えぼしいわ》」となる。河川《かせん》の浸食によって断崖になっているところは「峡《きょう》」とよばれる。そうした風景が好まれたのも、風水的に見て縁起《えんぎ》がよく、縁起のいい風景が美しいと見られていたからである。江戸時代には、天橋立《あまのはしだて》、松島、厳島《いつくしま》が日本三景と名づけられた。いずれも海と陸と樹木が絶妙なバランスで配された、風水的にも好ましいとされる空間である。このような様式的な風景美が江戸時代にはもてはやされ、葛飾北斎《かつしかほくさい》の「富嶽《ふがく》三十六景」、歌川広重《うたがわひろしげ》の「東海道五十三次《つぎ》」「近江《おうみ》八景」「江戸百景」などの浮世絵《うきよえ》がつぎつぎと発表された。これらのシリーズは、たいてい三とか八といった縁起のいい枚数でまとめられた。ただし、そこで描かれているのは風景というより名所といったほうがいいだろう。

名所とは何か。山崎正和氏は次のように説明している。

「〈名所とは〉自然の美がもっとも典型的に現われた場所だといえる。海が海らしく山が山らしく、島がもっとも島らしく現われたところが、それぞれの〈名所〉であろう。それはたんにめずらしい地形であるだけではなくて、それを見る人間の趣味が投影されて理念化された風景なのである」

（「演じられた風景」）

西洋人が長い間、聖書のエピソードや古代ギリシア・ローマの歴史を投影しながら風景を見ていたように、日本人も見たままの自然を観察して美しいと感じていたわけではない。あらかじめ頭の中に

クロード・ロラン「カンポ・ヴァチーノの眺め」(1636年)

あった様式化された理想的風景を投影して、それを美しいと感じていたのである。たとえば、「梅に鶯《うぐいす》」という言葉があるが、それはけっして鶯が梅の木を好むことを表わしているのではない。梅と鶯の組み合わせが、日本人の理想とする早春のイメージなのである。「牡丹《ぼたん》に蝶《ちょう》」「紅葉《もみじ》に鹿」「月に雁《かり》」なども同じで、このようなイメージを投影して、日本人は自然を眺めてきたのだった。

ところが、こうした日本人の古典的な風景のとらえ方に異を唱えたのが、明治時代の地理学者、志《し》賀重昂《がしげたか》である。志賀は『日本風景論』において、日本全土を地理学の目によって見なおそうと唱えた。山を見るにしても、理想化されたイメージを投影するのではなく、岩石の質などからその風景を科学的に考察しようとした。比叡山《ひえいざん》を論じるときにも、いっさい山岳信仰にはふれず、その地形と地質から景観を分析した。そのような科学的視線が日本の風景を見る目に導入されたのは、これが初めてだった。

『日本風景論』の影響は大きかった。その後まもなく発表された国木田独歩《くにきだどっぽ》の『武蔵野《むさしの》』にもその影響が見られた。この作品は、自然科学的な目で武蔵野の雑木林《ぞうきばやし》の魅力を描いた随筆である。独歩は、名所旧跡を愛《め》でる伝統から自分を切り離し、それまで見過ごされていた雑木林の美しさを発見したのだった。

独歩のおかげで、いまも武蔵野といえば反射的に雑木林を思い浮かべる人が少なくないだろう。しかし、実際の武蔵野の雑木林は開発によって、かつての面影《おもかげ》をすっかり失っている。武蔵野＝雑木林というイメージは、いまではヴァーチャル・リアリティとして、マンションのネーミングなどにその名残《なごり》をとどめている。

## 日本の庭は想像力で見る

日本と西洋との自然観のちがいがよく表われているのが庭である。内と外との中間地点である庭に、どのように自然を取り入れるか。その方法に、両者の自然に対する意識のちがいがうかがえる。

自然を取り入れるといっても、庭に草木をたくさん植えたり、水を流したりして自然らしさを演出しようとするのは、むしろ西洋のほうである。日本はむしろ逆だ。日本でもっとも有名な庭といえば、室町時代につくられた京都の竜安寺《りょうあんじ》の石庭《せきてい》を思い出す人は多いだろう。石庭の名のとおり、この庭を構成しているのは石と砂である。いわゆる枯山水《かれさんすい》とよばれるものだ。枯山水は、石と砂だけで、山のつらなる様《さま》や、滝や河の流れを表現する。そこでは植物はかえってじゃまであり、極力排除される。

それに対して、西洋の庭は花が中心だ。色とりどりの、なるべく珍しい花がたくさん咲いているほど美しい庭とされる。西洋の庭の楽しみは、花を見ることといってもいい。ガーデニングとは、基本的には季節によって木を植え替えたり、さまざまな花を咲かせたりすることである。

しかし、そうだとすると植物をたくさん植えている西洋の庭の方が、自然を豊かに取り入れているような気もする。だが、そこに西洋と日本の自然観の大きなちがいがある。西洋の庭に植えられている草花は枯れれば取り替えられる。つまり自然は交換可能な物として扱われている。いいかえれば、そこでは見えているものがすべてである。

それに対して、日本の枯山水は、見る者の想像力によって、目には見えない自然のいとなみと一つになるための人工的な装置だといえる。そこではたんに、砂が海を表わしていると理解するだけでは足りない。だいじなのは、そこに実際に水がたゆたっているのを積極的に想像し、そのイメージを押し広げていくことである。

枯山水には「主石《しゆせき》」と呼ばれる水源となる岩がある。その岩を探しあて、そこから湧《わ》きだす水の流れを思い浮かべ、その水が庭を満たし、渦を巻き、奔流《ほんりゆう》となって山に打ち寄せ、宇宙をも満たしていく。そんな様子を心の中にありありと想像しながら、庭を眺め、宇宙の中にいる自分を観想《かんそう》する。それが枯山水の味わい方である。

受動的に理解するのではなく、想像力によってはたらきかけて、そこに大海や宇宙を創造していく。枯山水という名がついてはいるが、それは、けっして枯れることのない水の流れや、無限の時間的広がりを感じるための庭なのである。

だが、どうして石なのか。前に述べたように、日本にはカミが降りてくる大石を磐座《いわくら》として信仰してきた伝統がある。石はカミの住まいであり、宇宙の縮図《しゆくず》である。そのことを思い、大自然に包まれているような心持ちで、石に向き合うことが日本の庭の味わい方なのである。

## 見立てとはなにか

このように石や砂を、山や島、川や海のイメージでとらえることを「見立て」という。目の前にある前景の背後に、後景を透かして見る。この「見立て」は、日本人が長年かけて練り上げてきた、美

上　フランスのヴェルサイユ宮殿の庭
下　京都の竜安寺の石庭

しさを深く味わうための文化のエッセンスといってよい。

盆栽《ぼんさい》も、小さな鉢植《はちう》えの木を樹齢数千年の老木《ろうぼく》に見立てて味わうものである。茶室も、あの狭い空間を仙人の住む高峰《こうほう》の頂《いただき》などに見立てるものだ。茶道《さどう》で、一杯の茶の中に宇宙があるというのも「見立て」であるし、茶道具ではないひょうたんを花入れに使ってみるという遊び心も「見立て」である。落語も、特別な道具を使わず、一本の扇子《せんす》を箸《はし》に見立ててそばをすすってみせたり、煙管《キセル》に見立てたりしてさまざまな場面を表わす「見立て」の芸である。

見立ては、もともとは漢詩や和歌など文芸の世界で用いられていた修辞法《しゅうじほう》の一つだ。たとえば、古今和歌集のつぎの一首などもそうである。


冬ながら空より花のちりくるは　雲のあなたは春にやあるらむ

ここで冬の空から散ってくる花とは、もちろん雪なのだが、それを花に見立てて、雲の向こうは、もう春なのだなと想像しているのである。

見立ては、目の前にある有限なものの奥に、より大きなものや、無限なものを見透《みす》かすことである。それは、見かけの閉塞《へいそく》した現実を突破して、新しい魅力や美しさを創造するための知恵でもある。見立てが自在にできるようになるには、するどい感性や深い教養がなくてはならない。日本の伝統的な美意識に「粋《いき》」という概念があるが、「粋な人」とは、いわば「見立てができる人」といってもいいかもしれない。

## 廃墟の美しさの発見

ここまで、時代や文化のちがいによって、景観の中の自然がどのようにとらえられてきたかを見てきた。自然はもともと美しいものとしてあったのではなく、文化や習慣といったフィルターを通すことによって、美しいと感じられることもあれば、醜いと感じられることもあった。

同じことは景観の中の人工物についてもいえる。それまでマイナスのイメージで見られていたものが、時代の変化によって美しいと見られるようになることもある。その一つの例が廃墟《はいきょ》である。

ヨーロッパにはイタリアを中心にローマ時代の廃墟が点在していた。しかし、中世にあっては、それらは異教の遺物の残骸《ざんがい》であり関心を引くものではなかった。絵画に廃墟が描かれることはあったが、それはキリスト教の栄光に対して、異教の空《むな》しさを表わすための否定的な表現だった。

ところが、ルネサンスになってギリシア・ローマの再評価が行なわれると、一転して廃墟は古代文化の偉大さを示すものと見なされるようになった。大きな転機は一八世紀にやってきた。イタリアで考古学が盛んになり、ヘラクレネウムやポンペイなどの埋もれていたローマ遺跡が発掘《はっくつ》され、人目にふれるようになったのである。

発掘された廃墟を膨大《ぼうだい》な数の版画に残したのが建築家ピラネージだった。ピラネージの描いた廃墟は、考古学的な記録であると同時に、見る者に劇的な印象を与えた。美的対象として見られることがなかった廃墟が、ピラネージの手にかかると、ピクチャレスクな想像力をかき立てる魅力的なものに変貌《へんぼう》した。ピラネージの影響もあって、ほかにも廃墟を描く多くの画家が現われ、ヨーロッパに廃墟ブームが巻き起こる。イギリスの貴族の間では、庭の中に古代ローマ風や中世風の偽物の廃墟をつくるのが流行した。

ただ、忘れてならないのは、廃墟がブームになったのは、廃墟の実物を見てというより、廃墟画を通してであったことである。ありのままの廃墟ではなく、ピラネージらの絵に描かれた廃墟へのピクチャレスクな視線が、人びとの心をとらえたのである。

一八世紀の廃墟ブームは、過去へのノスタルジーを誘うものだったり、劇的な恐怖をあおる舞台装置だったりした。しかし、一九世紀のロマン主義の時代になると、廃墟のモチーフは別の意味を帯《お》びる。ドイツ・ロマン派の画家フリードリヒは、「樫《かし》の森の修道院」「エルデナの廃墟」「雪の修道院墓地」など、修道院の廃墟をモチーフとした多くの絵を描いている。そこで取り上げられる廃墟は、もはやたんなる過去への憂愁《ゆうしゅう》ではなく、同時代の人びとの置かれている不安や喪失感《そうしつかん》、絶望、無力感などと結びついてくる。形あるものが滅ぶことによって、初めて真実が現われることを、フリードリヒの絵画は予見《よけん》させる。

ここにおいて「滅び」は美しさと結びつくのである。

## ヴェネツィアと滅びの美

滅びゆくものを美しいと見るまなざしというとき、思い出されるのがイタリアの水の都ヴェネツィ

ピラネージ『ローマの景観』(1749-50年)より「ネロの水道橋」。
ピラネージの描いたローマの廃墟は、廃墟を見るまなざしを一変させた。

アである。ヴェネツィアといえば、運河を行く黒いゴンドラ、アーチ状のみごとな橋、モザイクで覆《おお》われた壮麗な教会、幻想的な仮面祭など、訪れる者を魅了する豪華な舞台装置が思い浮かぶ。なかでも、トーマス・マン原作で、ヴィスコンティが映画化した『ヴェニスに死す』に描かれたヴェネツィアは、滅びにむかう頽廃《たいはい》の美をたたえたこの街のイメージを決定づけた。

今日、ヴェネツィアが魅力的な街であることに異を唱《とな》える人はほとんどいないだろう。しかし、ヴェネツィアは昔から美しい街と思われていたわけではない。一六世紀に書かれたシェイクスピアの『ヴェニスの商人』に描かれるヴェネツィアは強欲《ごうよく》なユダヤ商人の住む拝金主義の街である。そこには、この街を美しいと見るような描写はいっさいない。

一六世紀後半にヴェネツィアを訪れたモンテーニュにとっても、この街は期待はずれだったようだ。モンテーニュに同行し日記を書きつづけた秘書は、主人（モンテーニュ）が、「この都市はいろいろな珍しいものでは相当有名であるが、来てみて想像がはずれた、それほど感心するほどのこともない」といったと記している。また一八世紀のイギリスの歴史家ギボンは、この街への不満を、次のようにあげつらっている。

「イタリアのすべての街の中で、私がいちばん不満なのがヴェネツィアです。ここでは珍しいだけで不快なものがひしめいています。初めは驚かされても、すぐに飽きて、うんざりします。古めかしく安っぽい家々、傷《いた》んだ絵、運河とは名ばかりの臭いどぶ川。立派な橋もそこに立てられた家のせいで台なしだし、悪趣味な飾りつけのされた広場の取り柄《え》といえば陸地が広いことだけです……」

同じ頃、イタリア各地を旅していたスタンダールも、ヴェネツィア滞在中の日記には「書くべきことなし。すべてが私をうんざりさせる」「私はものを書くような気分ではない」などと記して退屈を隠さない。スタンダールと同時代の文豪ゲーテも滞在するうちにこの街の不潔さにうんざりしてきたようで、日記には「一日雨が降ると、往来《おうらい》はたまらない汚さである。呪ったり、小言を言わぬものはない。……天気がよくなると、だれも清潔のことなど考えない」とこぼしている。

では、そんなヴェネツィアが、どうしていま「美しい水の都」といわれるようになったのか。そのきっかけをつくったのは、一九世紀初めに、この街に二年半ほど滞在したイギリス・ロマン派の若き詩人バイロンだった。バイロンは没落と荒廃の中にあったヴェネツィアを、次のようにうたった。

ヴェネツィアでは　もう
タッソの詩句を歌い交わすこともなく
歌をなくしたゴンドラ漕《こ》ぎが　ただ黙々と船をこぎ
町の館が水辺にくずれおちてゆき
音楽が奏《かな》でられないこともある
そういう日々は　過ぎ去ったのだ
それでもまだ　美しさはここにある

「チャイルド・ハロルドの巡礼、第四歌」

当時、バイロンはヨーロッパでもっとも人気のある詩人だった。そのバイロンが、ヴェネツィアの滅びゆく姿こそが美しいといったのである。影響は絶大だった。人びとは荒廃して不潔だと見なしていたヴェネツィアの街が、じつは「滅びの美」を体現しているのだと見るようになった。

バイロンの詩にひかれて、多くの詩人や芸術家がヴェネツィアにやってきた。彼らは「滅びの美」というフィルターを通して崩れかけた街路や海水に浸《ひた》された土地を美しいと感じるようになった。ヴェネツィアの風景は死を予感させる頽廃《たいはい》的な美だという解釈の逆転が起きたのである。トーマス・マンの『ヴェニスに死す』もそうだし、ガイドブックも絵はがきも写真集も、そのイメージにしたがってヴェネツィアを演出するようになり、そのイメージを通さずにはヴェネツィアを見られないようになった。

今日ヴェネツィアは温暖化による海面上昇や地盤の沈下によって、水没の危機にさらされている。ある意味、バイロンのうたった滅びが現実に進行しており、住民の暮らしを脅《おびや》かす由々《ゆゆ》しき問題となっている。もはや滅びが美しいなどはいっていられないほど事態は深刻である。それでも、もし冠水したサン・マルコ広場の風景に、どこか美しさを感じてしまう人がいるとすれば、それは、いまだわれわれが、バイロンがこの街にかけた魔法から目覚めていないからかもしれない。

フリードリヒ「樫の森の修道院」（1809-10年）

## 廃墟ブームとテクノスケープ

一八世紀のヨーロッパに起こった廃墟への関心は、形を変えて現代にもつづいている。たとえば、一九八六年に亡くなった旧ソ連の映画監督タルコフスキーの作品にはしばしば廃墟が登場する。『ストーカー』(一九七九)には廃工場が、そして『ノスタルジア』(一九八三)のラストには、フリードリヒの描いた「エルデナの廃墟」を思わせる教会の廃墟のシーンが登場する。

フリードリヒやタルコフスキーの廃墟は不安や虚無感、人間の無力を思い知らせてくれると同時に、不思議な安らぎや安堵《あんど》を感じさせてくれる場所でもある。それは廃墟が、人間のどのような努力も偉大な営《いとな》みも、いずれは荒廃し、失われていくという真実に向き合わせてくれるからではないか。その意味で、廃墟は世界の中でもっとも正直な場所ともいえる。

日本でもバブルの崩壊前後の一九九〇年前後から廃墟への関心が高まった。廃校や工場、ホテル、遊園地、鉱山、変電所などを撮影した写真集の出版がきっかけとなって、それらの廃墟を実際に訪ねてまわる廃墟ブームが起きた。その背景には、廃墟のもつ独特の非日常的な雰囲気が、管理された都市空間では味わえない刺激だったこともあるだろう。また開発によって失われていく過去の遺物へのノスタルジーや、新しければよい、効率的であればよいという価値観への疑問も、そこに投影されていたのだろう。

だが、廃墟ブームは徐々に下火になっていった。肝心《かんじん》の廃墟が取り壊されたり、治安の点から立入禁止になったりしたためである。文化財として保存される少数の例をのぞいては、近代建築の廃墟が、撤去されずに放置されるようなゆとりは現代社会にはない。

廃墟ブームのあとを継ぐように、二一世紀になってから美的対象として一般的な関心が高まってきているのが工場や発電所、ダム、鉄塔、高速道路のジャンクションといった工業や土木にかかわる人工的景観である。こうした景観は「テクノスケープ」とよばれる。テクノスケープとはテクノロジー（技術）とランドスケープ（景観）の合成語である。

テクノスケープは、一般的にはけっして美的対象として見られてきたものではない。石油コンビナート、クレーン、ガスタンク、鉄塔といったテクノスケープを構成する構造物は、基本的には機能だけを追求してつくられたものである。そのデザインは人間味のない無機質で、冷たいものと見られていた。

ところが、一九八〇年代から、これらの工業的な景観が、逆に斬新《ざんしん》で、刺激的なものとしてメディアに登場しはじめる。リドリー・スコットの『ブレードランナー』（一九八二）、大友克洋《おおともかつひろ》の『AKIRA』（一九八八）といった近未来SF映画に描かれた都市空間でもテクノスケープは重要な要素をなしている。九〇年代半ばに発表された庵野秀明《あんのひであき》の『新世紀エヴァンゲリオン』（一九九五～九六）では、電線や鉄塔や工場といったテクノスケープが効果的に扱われ、押井守《おしいまもる》の劇場版アニメ『攻殻機動隊《こうかくきどうたい》』（一九九五）でもテクノスケープにいろどられた近未来的なアジア都市のイメージが表現されていた。

二一世紀になると、インターネットによってテクノスケープについての情報が交換され、廃墟ブームのときと同じく、工場やダムなどを訪れるマニアが現われ、多くの写真集が発表されるようになった。

もともと、高度成長期以前、テクノスケープは進歩の象徴であり、プラスのイメージで見られていた。明治二六年に建設された東京ガスの千住《せんじゅ》工場のガスタンクは、昭和初期の東京の風景を描いた「昭和大東京百図絵」にも取り上げられている。それは明るい未来をつくってくれる、たのもしい景観として人びとの目に映っていたのである。

ところが、一九六〇年代から七〇年代にかけて、工業地帯は公害の元凶《げんきょう》であると見られるようになり、テクノスケープのイメージはネガティブなものへと変貌《へんぼう》した。煙突や工場は非人間的な環境の象徴となり、悪い景観のシンボルと見なされるようになった。そうしたイメージの呪縛《じゅばく》が解《と》けて、新たにテクノスケープを美しいと見る感性が甦《よみがえ》ってきているのが現代である。それは中世には悪魔の住みかとされていた山が、一八世紀になると美しいものと見られるようになったのと似ている。最近では、自治体が工業地帯をめぐる観光ツアーを実施したり、工場周辺をデートスポットとして見なおしたりという可能性も模索されている。

現代のテクノスケープへの視線は、高度成長期以前のようにそこに明るい未来を見ようとするものではない。産業景観の研究をしている岡田昌彰氏によると、現代人がテクノスケープに美しさを感じる原因は主に二つあるという。一つは、自分が工場のある風景に囲まれて育ったため原風景としての懐かしさを感じているため、もう一つは、初めてテクノスケープのような景観を目にして、わくわくするからではないかという。

そこにもう一つ、付け加えるとすれば、テクノスケープには商業主義的な媚《こ》びが感じられないという点があるように思う。現代は、人間の暮らしをとりまくあらゆる分野にマーケティングが入りこん

埼玉県春日部市にある首都圏外郭放水路の調圧水槽。
地底神殿のような荘厳な雰囲気がテクノスケープ・マニアを引きつける。

でいる。メディアに取り上げられるものには、購買欲をそそるような意図的な仕掛けがなされている。しかし、そうした商業主義的な媚びにうんざりしている人たちも少なくない。彼らにとって、機能だけを優先したテクノスケープのデザインは、むしろ新鮮に映っているのかもしれない。

## 権力装置としての美

原風景という言葉は、自分の生まれ育った土地の記憶と結びついた思い出の風景という意味で使われる。その一方で「日本の原風景」といういい方を耳にすることがある。その場合、日本人が共通してもっている心の故郷といった意味合いで、里山《さとやま》や棚田《たなだ》、かやぶき屋根の民家といった農村風景がイメージされることが多い。ちょうど「ふるさと」や「夕焼け小焼け」のような童謡にうたわれているような風景である。しかし、こうした風景は、いつまで「日本の原風景」でありつづけられるのだろうか。

このような原風景のイメージが生まれたのは、そんなに古いことではない。「ふるさと」の作詞者の高野辰之《たかのたつゆき》は信州の寒村《かんそん》で生まれ、音楽を学ぶために東京に出た。そこで故郷を懐かしんで書いた詩が「ふるさと」であった。「夕焼け小焼け」も作詞者の中村雨虹《なかむらうこう》が上京した後、故郷の多摩の村の風景をうたったものである。いずれも昭和初期、田舎から都会に出てきた詩人が農村の暮らしを懐かしんで書いたものである。そこでは、貧困や生活苦と隣り合わせだった当時の農村の事情にはふれられていない。

しかし、多くの現代人にとって、もはや、このような日本の原風景のイメージはメディアや文学、あるいは親や祖父母らからの話などを通してすり込まれたものであって、自分の体験と一致するものではなくなっている。いったい、いま生きているどのくらいの人たちが棚田や里山で遊んだ経験があるだろう。にもかかわらず、政府が「美しい国づくり」などというときには、こうしたイメージがいぜんとして引き合いに出される。

里山を大切にするのは悪いことではない、しかし、多くの人にとってイメージの中にしか存在しない「日本の原風景」のようなものを軸として、「日本の美しさはこうあるべきだ」という美的価値観をもってしまうと、テクノスケープや廃墟のような、時代の中で新たに発見されてきた美しさは否定されかねない。

なにを美しいと見て、なにを醜いと見るかは、同じ日本人であっても、世代や、育ってきた環境や文化背景によって異なるはずである。街の美観を損《そこ》なうからといって、電柱を地中に埋設《まいせつ》したり、広告や看板を規制したり、建物の色や高さを統一したりという動きがあるが、それは電柱が林立して、広告や看板だらけの街並みは醜いという前提に立っている。東京の日本橋の上を走る首都高は景観的に醜いから地下に移設しようという主張も、その一つである。

しかし、そうやって計画的に管理された整然とした街並みに違和感をおぼえる人もいるはずである。『ブレードランナー』や『エヴァンゲリオン』、あるいは押井守の『攻殻機動隊』や『イノセンス』(二〇〇四)などに描かれた街並みは、自治体が進める景観の美化という点からいえば、明らかに醜いとされかねない。しかし、こちらのほうがリアリティがある、カッコいい、安心すると感じる人もいるからこそ、これらの作品は人気を博しているのだと思う。

昭和初期の里山で子ども時代を送った人は、農村風景を原風景として、そこに愛着を覚えるかもしれない。ヨーロッパの街並みに憧《あこが》れをもつ人は、ヨーロッパ的な整然とした街こそ美しいと思うだろう。同様に、工場や電柱、鉄塔などにかこまれて育った人が、テクノスケープに愛着を覚えるのは、ごく自然なことである。それを、ヨーロッパの街は美しく日本の街は醜い、だから、ヨーロッパのような街並みをめざそうとするならば、それは乱暴な論理ではないだろうか。

美しさというものに政治や権力が介入するとろくなことがない。その最たる例の一つはナチスである。ドイツの思想家ヴァルター・ベンヤミンはナチズムの本質を「政治の美学化」とよんだ。ヒトラーは、キュビスムや未来派、ダダイズムなどの近代芸術をユダヤ的な堕落《だらく》したものと見なして、「頽《たい》廃芸術《はいげいじゅつ》」という烙印《らくいん》を押した。一方、ナチスが奨励《しょうれい》したのは、北方民族による純粋な芸術と称するものであった。しかし、それらの実際の作品はというと素朴な農村生活風景であったり裸体彫刻であったりという通俗的で単調なものばかりだった。

一つの統一的価値観によって貫《つらぬ》かれた世界には、たしかにある種の美しさがある。ナチスのしたことは別として、その制服や建築などのデザイン、あるいはヒトラー政権時代に開催されたベルリン・オリンピックの記録映画『民族の祭典』(一九三八)などに独特の美しさがあることは否定しない。しかし、その価値観によって否定された価値観がなんなのかということに目を向けないと、美しさというものは暴力的な権力装置でしかなくなってしまうのである。

column

# イルカのくる渚で

テレビの海外紀行物などで、こんなナレーションを耳にしたことはないだろうか。「村人たちのやさしさが、すがすがしい感動を与えてくれた。子どもたちの瞳《ひとみ》は、きらきらと輝いていた。ほんとうの子どもらしさが、そこにはあった。現代の日本人が忘れてしまった何かに気づかされた……」

テレビだけでなく、旅行記などもそうだが、旅の経験を語るボキャブラリーには、「感動」「私たちが忘れてしまった何か」「きらきらした目をした子どもたち」等々、紋切り型の常套句《じょうとうく》があふれている。

もちろん、実際に心を動かされる体験はあるだろう。しかし、たんに不作法《ぶさほう》に物をせびりにくる子どもたちにまで「子どもらしい」とか「瞳が輝いている」などというのは、たんなる思いこみでしかない。仮に同じことを日本の子どもたちがすれば、「しつけがなっていない」とか「行儀を知らない」といって批判するのではないか。インドに行けば、たしかにどの子どもたちの目も大きくて、きれいだ。でも、そのきれいな目で、平気でひったくりや泥棒をする子だっている。日本だって、目は輝いていないけれど、心のやさしい正直な子はいる。

「私たちが忘れてしまった何か」も、アジアやアフリカの田舎の暮らしなどを扱った番組などで、よく聞くフレーズである。たしかに、日本の近代的発展の中で失われたものは、たくさんある。開発によって自然が破壊され、強固な都市集中型システムができたことによって地域的なコミュニティの力が減退《げんたい》し、人間関係がよそよそしくなった。それを嘆《なげ》き、反省する気持ちを表現するのに、「私たちが忘れてしまった何か」とか「私たちが失ってしまった何か」というういい方をしているのだろう。

しかし、この言い方は、どこか歯切れが悪い。考え直すことが必要だといいながら、水も電気もない暮らしに戻れというでもなく、建設的なメッセージを打ち出すでもなく、ただ抽象的な思いを口にしているだけに聞こえるからだ。具体的に何を反省すればいいのかも曖昧《あいまい》だし、無責任な言い方にしか聞こえない。

そしてきわめつけは「感動」である。旅だけでなく、スポーツでも映画でもアートでも、メディアはやたら「感動」を強調する。「みなさんに感動をお伝えしたい」とか「感動をありがとう」とか「感動が待っている」等々、ほとんど感動強迫症である。

感動が悪いとはいわない。しかし、感動しなくては意味がないとでもいわんばかり、感動の押し売りには辟易《へきえき》する。地味な陸上競技を、派手な実況で盛り上げて感動を演出するのはテレビ中継の常套手段《じょうとうしゅだん》だが、これによって与えられるのは感動というより、むしろ刹那《せつな》的な快楽ではないか。

そんなわけで、感動強要型のテレビにうんざりしていたところ、友人からパプアニューギニアの島の暮らしについてのドキュメンタリーDVDをプレゼントされた。タイトルは『イルカのくる渚《なぎさ》』。撮影は『海が見えるアジア』などの著書のあるカメラマンの門田修さん。タイトルから察するに、内容はテレビの紀行番組のようなものかなと思って、あまり期待せず再生ボタンを押した。

癒《いや》し系の音楽をバックに、画面には美しい海の風景や、のどかな島の暮らしぶりが映った。まさにイメージどおりの南太平洋の素朴《そぼく》な暮らしという雰囲気《ふんいき》である。カメラはやがて渚に迷い込んでくるイルカの群れをとらえる。詩情あふれる光景だ。「この美しい渚に、仲の良いイルカの群れがやってきました……」というナレーションが聞こえてきそうだ。このあと、島の子どもたちがイルカと戯《たわむ》れたりすれば完璧な感動のできあがりである。

ところが、そこから様子が変わってきた。

十数頭からなるイルカの群れが渚に迷い込むと、村人たちは何艘《そう》ものカヌーを出し、竹を海中に突き立てて、渚の入口をふさぎにかかった。竹と竹の間隔は何メートルも開いているので、逃げ出そうと思えば、かんたんに外洋に出られる。しかし、イルカは竹のそばまで来ると、なぜか渚に引きかえしてくる。人間と遊びたいのだろうか。

そうではなかった。村人たちはとまどうイルカと戯れるどころか、銛《もり》や棍棒《こんぼう》をふりあげると、雄叫《おたけ》びを上げて、そのあとを追いまわしはじめた。パニックを起こしたイルカに、村人たちはつぎつぎに銛を投げ始める。銛の刺さったイルカはカヌーの船縁《ふなべり》に引き寄せられ、棍棒でしたたか頭をたたかれ、つぎつぎと絶命していく。

イルカの悲鳴や、棍棒で頭をつぶすバコッという鈍い音が、のどかな風景のなかに響く。こうして子イルカも含めて、最後の一頭にとどめを刺すまで殺戮《さつりく》はつづく。

やがて場面は変わり、海岸では村人によるイルカの解体が始まる。割《さ》かれた腹から腸が飛び出し、渚はイルカの血で真っ赤に染まる。そのそばを、死んだイルカの臓物をもって、子どもたちが「目をきらきら輝かせて」走りまわっている――。

予期せぬ展開に、口をぽかんと開けたまま映像に見入った。これを感動といっていいのかどうかわからないが、衝撃を受けたのはたしかだった。イルカのくる渚、たしかにそのとおりではあった。

以前、モーリタニアで行なわれているイルカ漁の様子のドキュメンタリーを見たことがある。そちらはイルカ漁といっても、イルカが浜辺に追ってきた魚の群れを、人間が網《あみ》で捕らえるという話であった。お礼に人間はイルカに獲れた魚の一部を分け与えるという。人間とイルカが協力して漁を行なうというテーマが、共生とか、知能の高い生き物同士のコミュニケーションといった美しいイメージを思い起こさせる番組だった。

パプアニューギニアのイルカ漁は、それとは対照的だ。それは、われわれの頭の中にある自然と人間の友情あふれる共生といった甘やかな幻想を、みごとに打ち砕いてくれる。

撲殺《ぼくさつ》されたイルカの血に染まった真っ赤な海や、解体されたイルカの死体は、「知能の高いイルカは人間の友だち」というイメージの中で育ってきたわれわれには、目をそむけたくなるような光景かもしれない。

けれども、ただ残酷だというだけで目をそむけてしまうと、ほかのだいじなことも見えなくなってしまう。代々、島で暮らしてきたパプアニューギニアの人たちにとってイルカ漁は文化である。島の人たちはイルカ漁に誇りをもっている。協力してイルカを追い込むことで人びとは絆《きずな》を深め、子どもたちはその様子を見て、生きていくことのたいへんさや喜びを学ぶ。

生きるためには、人間はほかの生きものを殺さなくてはならない。島の人たちもイルカが憎くて殺すのではなく、食べるために殺すのだ。だから、その肉から臓物から骨にいたるまで、すべてむだにしない。そういうことからも目をそむけてしまうのは、いちばん本質的なことを見過ごすことになる。

イルカと人間が協力するモーリタニアのイルカ漁に感動するように、パプアニューギニアのイルカ漁に感動はできないかもしれない。けれども、そこにはわれわれの偏見《へんけん》をあぶりだし、生きるとはどういうことか、あらためて考えさせてくれるような感動があったのはたしかだ。DVDを見終えた後、まわりを見わたすと、少し世界がちがって見えるような気がしたものだった。

スペイン・グラナダのアルハンブラ宮殿「ライオンの中庭」。
イスラム世界では庭は楽園のイメージであり、その主役は水だった。

# 2
# 美人の条件ってなに？

## モナ・リザはなぜ美しい

レオナルド・ダ・ヴィンチの「モナ・リザ」といえば、おそらく日本人の間では、もっとも有名な絵画の一つだ。

この絵は長い間、描かれた美女の代名詞とされてきた。謎の微笑《ほほえ》みを浮かべ、神秘的なまなざしをしたこの夫人の絵が、きわだった芸術的な美しさをたたえていることは多くの人が認めている。

でも、いまモナ・リザを見て、心から本当に美しいと感じる人は、どのくらいいるのだろう。昔とちがって、いまはおびただしい複製画や写真によって、モナ・リザは、すっかり見慣れたものになってしまった。「慣れ」というフィルターなしに、この絵を純粋に見ることは、現代人にはなかなかできない。

けれども、昔はそうではなかった。モナ・リザを見るにはルーヴル美術館まで足を運ばなければならなかったし、ルーヴルに収められる以前は、人がこの絵を目にする機会はきわめて少なかった。そうなると、モナ・リザの美しさを知るには、実物から受ける印象ではなく、言葉にたよらざるをえなかった。この絵に「モナ・リザ」という名前をつけた一六世紀の美術史家ヴァザーリは、次のように解説している。

「眼は生きているものに常に見られるあの輝きと潤《うるお》いをもっている。……口はその開きぐあいといい、また口唇《こうしん》が赤で描き出されているさまや、顔色が真に迫っているところなど、色がつけられたのではなく、肉そのものと思われるほどであった。喉《のど》のへこみを気をつけて見る人には脈が打つのが見える」

（ヴァザーリ『ルネサンス画人伝』）

喉が脈打つのが見えるとは、生々しい描写だが、じつはヴァザーリ自身はモナ・リザを見ていない。彼はこの絵を見た人たちの話を聞いて、それをもとに、この文章を書いたのである。ところが、ヴァザーリの文章のおかげで、モナ・リザは神秘的な美しさをたたえた美女という刻印を押された。それを読んでしまった者は、そのイメージの呪縛《じゅばく》から逃れられなくなった。

さらにモナ・リザの見方に強烈な影響を与えたのは一九世紀イギリスの美術批評家ウォルター・ペ

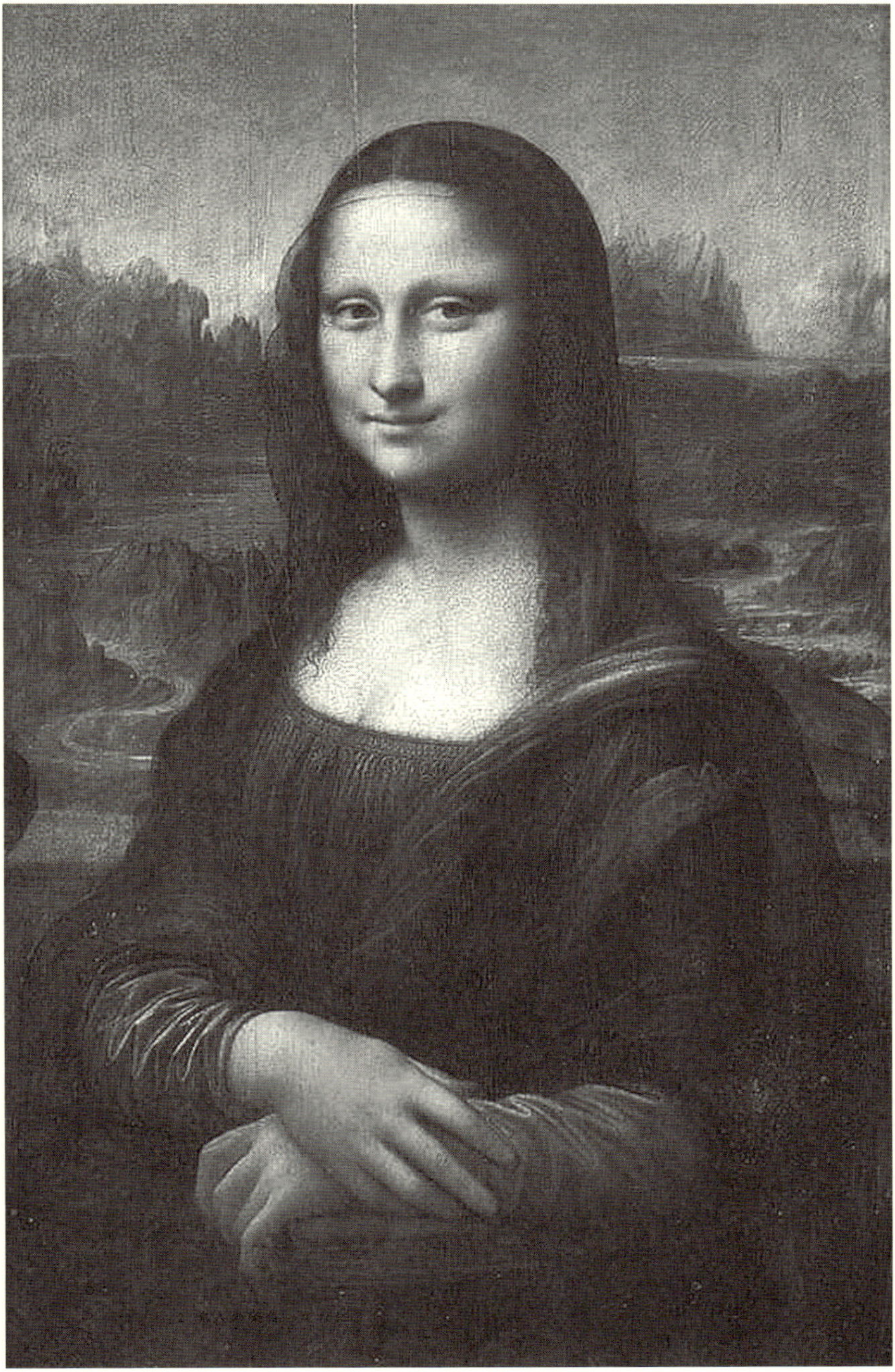

イターの言葉だった。

「水ぎわに、こうしていとも不思議に立ち現れた姿は、千年のあいだに男たちが欲望の対象とするにいたったものを表わしている。……彼女は、自分の座を取り囲む岩よりも年老いている。吸血鬼のように、何度も死んで、墓の秘密を知った。真珠採りの海女《あま》となって深海に潜り、その没落の日の雰囲気をいつも漂わせている」

（ウォルター・ペイター『ルネサンス』）

どういう根拠があって、モナ・リザが「千年のあいだに男たちが欲望の対象とするにいたったものを表わしている」といえるのかは謎だが、この思いこみたっぷりの文章が、当時の文学者や知識人をとりこにした。美術評論家の西岡文彦氏によると「ペイター以降の批評家の多くは、この『名文』を意識せずに『モナ・リザ』の批評を書くことができなくなってしまいました」というほどなのだ。日本の夏目漱石も、こうした見方を受け継《つ》いで、モナ・リザについて、こう書いている。

「モナリサの唇には女性の謎がある。原始以降この謎を描き得たものはダ・ヴィンチだけである。この謎を解き得たものは一人もない」

（夏目漱石『永日小品』）

漱石さえも、ヴァザーリやペイターの言葉を、モナ・リザの美しさを語るときのボキャブラリーとして受け入れてしまっている。そのフィルターなしにモナ・リザを見ることができない、という状況がつくられていったと、西岡氏は指摘する。

では、ヴァザーリやペイターの言葉は、モナ・リザを鑑賞するうえの妨《さまた》げになってきたのかといえば、それは、ちがう。むしろ、彼らの言葉によって、多くの人たちがモナ・リザの美しさを「発見」したのである。

いや、言葉なんかにたよって芸術作品を見るのは、純粋に芸術を味わうことにはならない、という人もいるかもしれない。それもまちがってはいない。ひとつの言葉にたよってばかりいては、いずれ新鮮な感動はうすれてしまう。しかし、それは言葉が悪いのではなく、新しい見方を促《うなが》してくれるような新しい言葉が必要とされている、ということにほかならない。複製画や写真ですっかりモナ・リザに見慣れてしまったわれわれが必要としているのは、モナ・リザを語る新しい言葉なのだ。

## 黄金比とダ・ヴィンチ

美しさの感じ方が、過去の見方や言葉に左右されるとしたら、美しさを決める客観的基準というものは、ありえないことになる。そうした見方に反撥《はんぱつ》を覚える人たちは、いや、美しさには実証的な根拠があるはずだと考えた。それが美しさの基準を数学や幾何学《きかがく》に求めようとする考え方である。

モナ・リザが、なぜ美しいのか。それはモナ・リザが数学的な美しさの法則によって、描かれているからだというのである。その根拠として、しばしば取り上げられるのが黄金比《おうごんひ》と呼ばれるものだ。

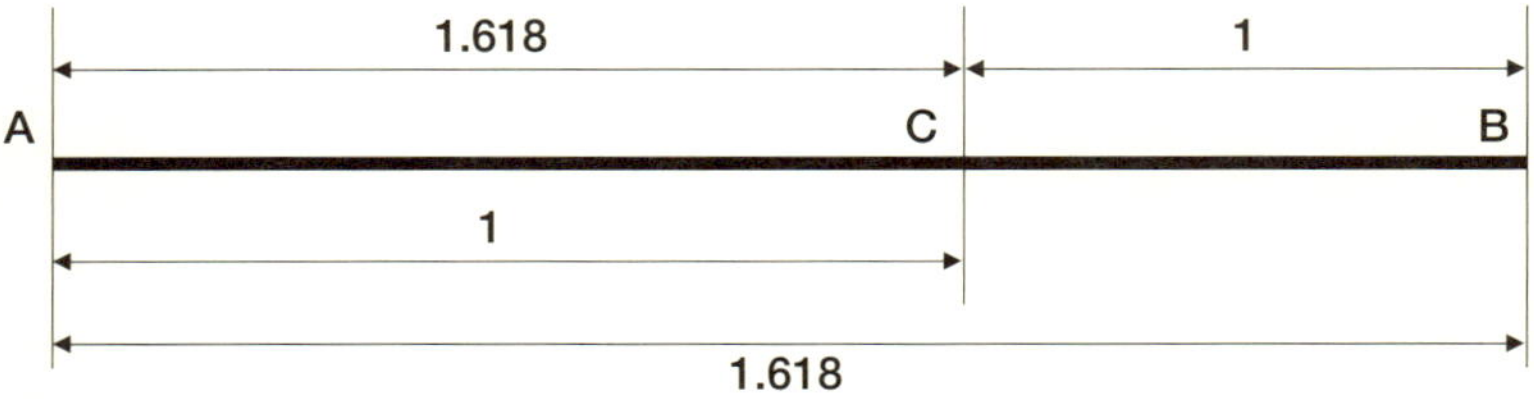

黄金比の求め方

黄金比とはなにか。それは古代ギリシア時代に発見された比率のことである。これは、ＡＢという線分をＣという点で分割した場合、「CB：AC＝AC：AB」になるような比率である。数で表わすと、およそ「1：1.618」だが、実際には、「1.618033...」と割り切れずに無限に続く無理数になる。縦と横の関係をこの比率でつくった長方形は黄金長方形と呼ばれ、見る者にもっともバランスのとれた安定感を与えるといわれている。

モナ・リザをはじめ、ミロのヴィーナス、ギリシアのパルテノン神殿、さらにはエジプトの大ピラミッドなどが美しいのは、その形に黄金比がひそんでいるからだというのである。

レオナルドの芸術と数学の関係を研究している物理学者ビューレント・アータレイによると、モナ・リザの顔を囲むように長方形を書くと、それが黄金長方形になっているという。また、頭頂部から着衣にまで黄金長方形をあてはめ、その長方形の上の辺を一辺として正方形を描くと、その底辺がちょうどモナ・リザの顎《あご》の部分にかかり、この正方形の中心が、モナ・リザの左目と重なるという。この基本的な構造は、同じくレオナルドの作品である「ジネヴラ・デ・ベンチ」や「チェチリア・ガレラーニ」「岩窟《がんくつ》の聖母」にも見られるという。

これが偶然なのか、それともレオナルドが意図的にしたことなのかはわからない。ただ、レオナルドが美の本質を数学で表現することに、つよい関心を抱《いだ》いていたのはたしかだ。

レオナルドの幾何学への興味に、つよい影響を与えたのは同時代の数学者ルカ・パチョーリという人物だったといわれる。パチョーリは一六世紀の初めに出した『神聖な比例』という本の中で、黄金比が無理数《むりすう》であることに注目している。

無理数とは割りきれない数である。神が理性や言葉で把握できないのと同様、黄金比も無限に向かって開かれた概念であり、それは神を表現するのにもっともふさわしい形式だとパチョーリは考えたのである。当時は美しさとは神に属するものと考えられていたから、美を表現するのに黄金比を用いるのは、まさにうってつけの方法だと考えられたとしても不思議はない。

ベストセラーにもなったダン・ブラウンの小説『ダ・ヴィンチ・コード』にも黄金比がレオナルドの謎を解く重要な鍵として取り上げられている。

「ダ・ヴィンチは人体の神聖な構造を誰よりもよく理解していた。実際に死体を掘り起こして、骨格を正確に計測したこともある。人体を形作るさまざまな部分の関係が常に黄金比を示すことを、はじめて実証した人間なんだよ」

では、どうして黄金比が美しいと感じられるのか。その根拠として、しばしばいわれるのは、黄金比が自然界の法則に一致しているからだということである。

『ダ・ヴィンチ・コード』でも紹介されているが、黄金比を導《みちび》くフィボナッチ数列と呼ばれるものがある。これはレオナルド・ダ・ヴィンチより三〇〇年ほど前に生きたイタリアの数学者フィボナッチが見出《みいだ》したといわれるものだ。フィボナッチ数列のつくり方は次のようなものだ。まず1を置いて、その次にもうひとつ1を置く。その次はこの1と1を足した値である2を置く。その次は、その2とその前の値である1を足して3を置く。次は3とその前の値である2を足した5を置く。これをつづけていくと、次のようになる。

1　1　2　3　5　8　13　21　34　55　89　144　233　377……

この数列上の数字は、つねにその前の二つの数字を足したものになる。フィボナッチ数列にはある特徴がある。それは隣り合う二つの数の比が、値が大きくなるにつれて、ある数に近づいていくということである。初めは「1：1」なのだが、次が「1：2」、それが「2：3」「3：5」「5：8」となる。これを小数で表わす（大きい数を小さい数で割る）と、最初は1、次が2、次が「1.666…」、さらに「1.6」、「1.625」、「1.615」、「1.619…」となって、数列が進むにしたがって、かぎりなく黄金比（1.618033...）に近づいていくのである。

この数列を図で表わすと面白いことがわかる。一辺を1とする正方形を描き、その横に同じく一辺が1の正方形を描く。その並んだ正方形の横に、こんどは一辺が1＋1＝2の正方形を描き、その隣にこんどは一辺が2＋1＝3の正方形を描く。こうしてフィボナッチ数列にしたがって正方形を描いていき、それぞれの辺を半径とする四分の一円を描いていくと、きれいならせん形ができる。

このらせん形は黄金らせんとよばれ、これが自然界の生長の法則と一致していると主張する学者もいる。たとえば、オウムガイのらせんも黄金らせんであり、ヒマワリの花の中の種子の配列も黄金らせんにしたがい、また、松ぼっくりの模様や、パイナップルやジャガイモの目の配列、植物の茎《くき》の葉のつき方、さらにDNAの二重らせんなども、こうした黄金比を含んでいるというのである。つまり、黄金比が美しいと感じるのは、それが自然界の生命の法則にのっとっているからだというのである。

『ダ・ヴィンチ・コード』でも人体にひそむ黄金比について語られている。教授は述べる。

「肩から指先までの長さを測り、それを肘《ひじ》から指先までの長さで割る。黄金比だ。腰から床までの長さを、膝《ひざ》から床までの長さで割る。これも黄金比。手の指、足の指、背骨の区切れ目、黄金比、黄金比、黄金比。きみたちひとりひとりが黄金比の申し子なんだよ」

## 黄金比信仰のうそ

けれども、黄金比が美しさの秘密であるというのは、本当なのだろうか。じつは、『ダ・ヴィンチ・コード』に見られるような黄金比原理主義には批判も多い。

ウィトルウィウスの『建築十書』にレオナルドが描いた人体の図がある。そこでは身長とへそまでの高さの比率が「1.618...」（黄金比）になっているのが人体の理想だとされている。しかし、それは欧米人の体型にあてはめられたものであって、日本人や中国人にそのまま適用するのは無理がある。も

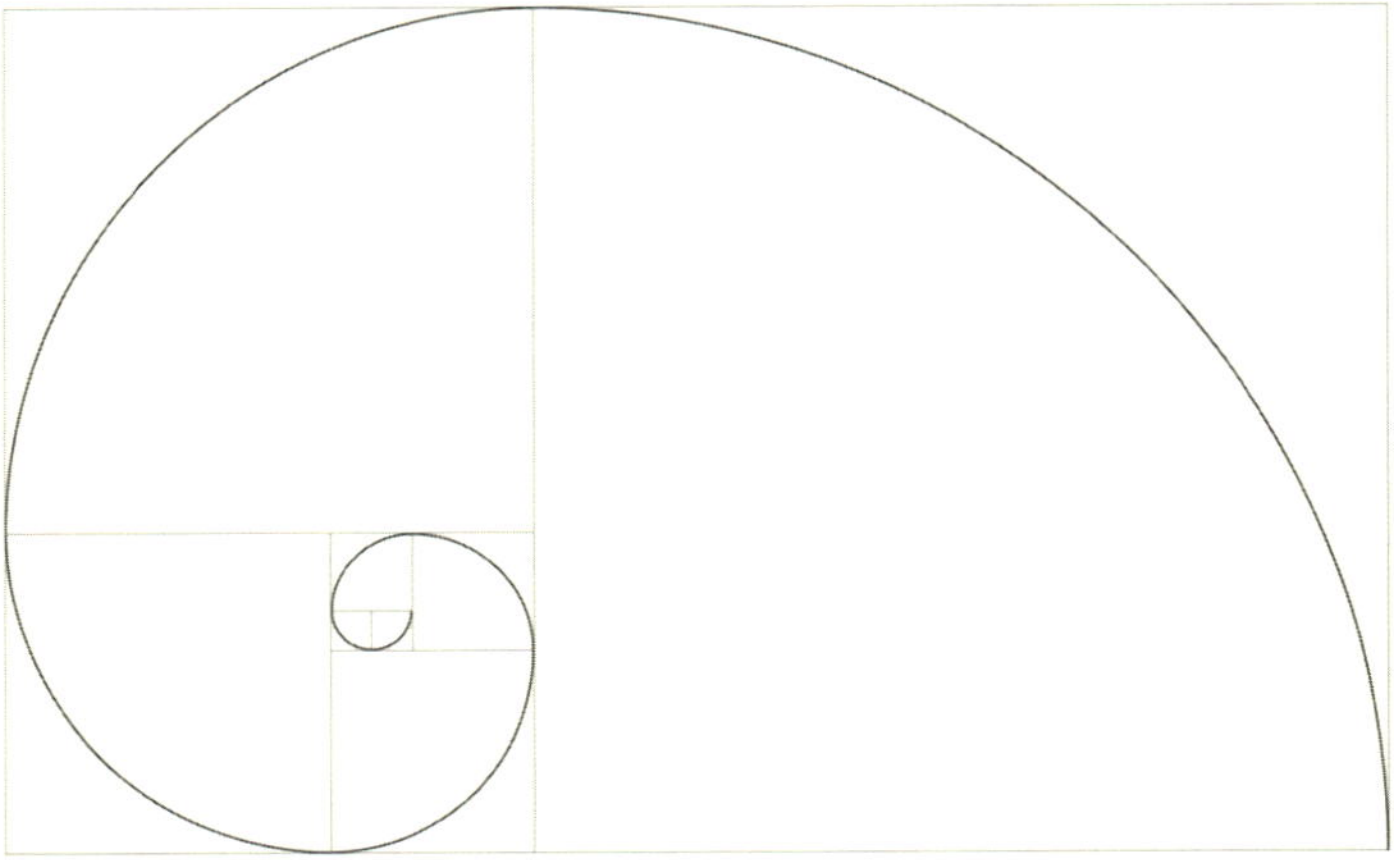

黄金長方形と黄金らせん

アンモナイトのらせん

ともと、黄金比という概念そのものが古代ギリシアで生まれ、ルネサンスの時代に理論として広まっていったものだ。つまり、黄金比はヨーロッパにおける美の基準の一つであって、普遍《ふへん》的なものではないのではないか。

いや、そんなことはない。先ほど述べたように、自然界の生長の法則がDNAの二重らせんから、パイナップルの目やヒマワリの種の配置にいたるまで黄金比や黄金らせんにしたがっているではないか。黄金比は自然界をつらぬく美の法則なのだという意見もある。けれども、これもじつは疑わしい面がある。

オウムガイのらせんが黄金比にしたがっているという説は、かなり以前から唱えられてきた。また、オウムガイが今日まで生き残っているのに対し、その祖先であるアンモナイトが滅んでしまったのは、オウムガイが黄金らせんという生命のらせんを獲得したのに対して、アンモナイトはそれよりも巻きがきついらせんだったからだという説もある。つまり、黄金比という美しさを獲得したから、オウムガイは生き残ったというのである。

これは一見、もっともらしく聞こえる。しかし、実際に計ってみると、オウムガイのらせんは対数らせん（らせんの曲面の接線と中心からの線がつくる角度が、つねに一定のらせん）ではあるが、黄金らせんではない。また、アンモナイトのらせんは、たしかにオウムガイより見かけ上、巻きがきついが、なかにはオウムガイ同様の対数らせんをなしているものもあることがわかっている。

『ダ・ヴィンチ・コード』からの引用にあった人体にひそむ黄金比の話も、考えてみればおかしい。民族による体型のちがいを持ち出すまでもなく、足が長い人もいれば、短い人もいるように、一人ひとりの体つきがちがうことは、だれでも思いつく。もし、人体の比率が黄金比で決まっているのだとしたら、人間はみな同じ体つきをしているはずである。

同じように、黄金比が自然界の生長法則の証拠とされていたパイナップルの目や植物の葉のつき方についても、実際に観察してみると、そうではないことのほうが多い。偶然、黄金比になることはあるかもしれないが、それが普遍的な法則というわけではないというのが現実のようだ。生きものの形がなんらかの数学的な法則とかかわっている可能性はある。しかし、それは黄金らせんという、単純なルールにのみしたがっているわけではない。だからこそ、生きものの世界は多様なのである。

では、モナ・リザやピラミッドの中に黄金比が見出されるというのは、どうなのか。じつは、これも細かく見ていくと、けっこう無理がある場合が多い。ギザの大ピラミッドは底辺が二三〇メートルで高さが一四六・六メートルであることから、底辺を高さで割ると約一・五六になる。これが黄金比(1.618...)に近いことから、大ピラミッドが黄金比を用いてつくられたという説があるが、これだけでは説得力に欠ける。また、絵画や建築物の中に黄金比が隠されているという説の根拠は、そこに補助線をひいて黄金長方形をあてはめることによっていることが多い。けれども、その補助線の引き方が、かなり主観的に見える。黄金比になりそうな場所に、意図的に補助線を引いているようにも見えるのだ。

黄金比はバランスよく感じられるし、経験的にこの値に近づくと気持ちがいいというのはあるだろう。実際、名刺《めいし》やカード、新書のサイズ、トランプなど、工業デザインで黄金比を採用している例は少なくない。しかし、先ほども述べたように、黄金比は西洋世界の中で経験的に育《はぐく》まれたローカルな

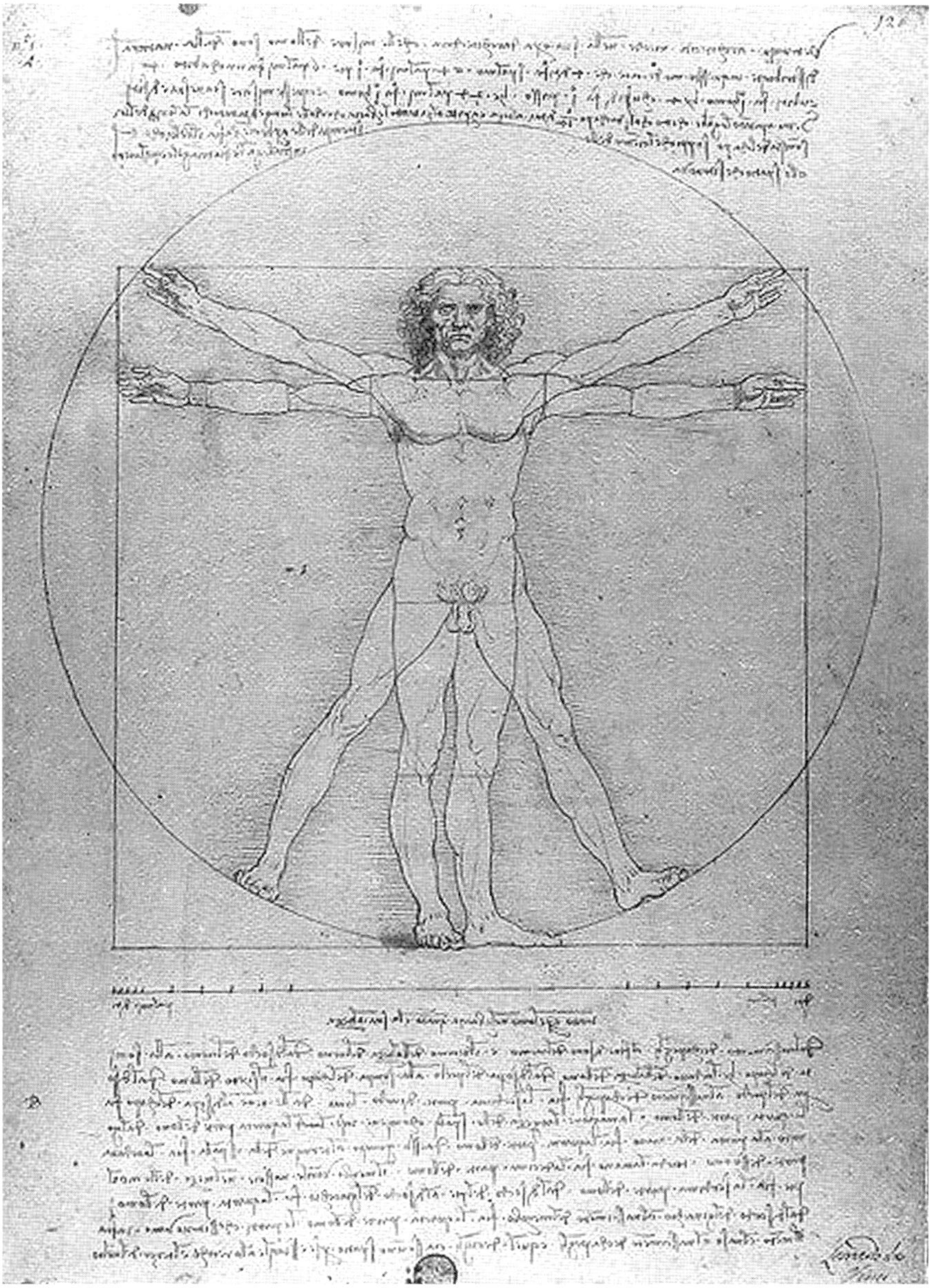

レオナルドによるウィトルウィウス的人体図。ローマ時代の建築家ウィトルウィウスによると、
手足を広げた人体は円と正方形に内接するという。

美の基準と考えた方がいい。黄金比にこだわりすぎると、黄金比を用いていない美しさというものが見えなくなりかねない。モナ・リザに黄金比を適用することで、その美しさを浮き彫りにするのは一つの見方だ。しかし、それを美の普遍的な法則としてしまったとたん、それ以外の美しさが見えなくなってしまうという危険があることを忘れてはならない。

## 白銀比は日本美の比率？

黄金比が古代ギリシアに由来する西洋的な美の基準の一つだとすれば、東洋的な美の基準とされるものはあるのだろうか。その一つが、白銀比《はくぎんひ》と呼ばれるものである。白銀比とは、日本の伝統的なデザインに見られる比率であり、数で表わすと「1：1.414213…」（$=\sqrt{2}$）となる。

白銀比を導き出すのはかんたんである。一辺が1をなす正方形を描き、そこに対角線を引く。この対角線の長さ（$\sqrt{2}$）と一辺の長さの比が白銀比になる。大工道具の曲尺《かねじゃく》の裏目には、この白銀比の目盛りが打たれているものもある。

白銀比を用いたもので、もっとも身近なのはA４とかB５といった紙である。これらの紙は縦横の比率が、白銀比になっている。これだとA３の紙を二つ折りにすると、縦横の比率が同じA４の紙が得られ、それをまた二つに折るとA５の紙が得られるというふうに、むだがなく効率的なのである。

白銀比を導く元になる正方形は伝統的に日本のデザインの中に取り入れられてきた形である。西洋でも正方形が建築物に用いられる例はあるが、正方形だけで独立したものはけっして多くはない。しかし、日本では、平安京のような都市計画が正方形の碁盤《ごばん》の目のような構造であったことをはじめ、生活の中に正方形が浸透している。茶室や囲炉裏《いろり》、折り紙、風呂敷なども正方形である。この正方形から導き出された白銀比が、日本の生活空間にさまざまな形で取り入れられているのもうなずける。

桜井進氏によると、白銀比は、丸太から角材を切り出す際に使われていたのではないかという。丸太をむだなく利用するには、そこから切り出す角材は必然的に正方形になる。丸太の半径が1だとすると、そこから切り出す角材の一辺は$\sqrt{2}$になる。この切り出しを効率的に行なうために、曲尺の裏目が用いられたというのだ。

日本の伝統建築で白銀比が使われた例としては法隆寺がある。法隆寺の五重塔のいちばん上のひさしといちばん下のひさしの比が白銀比である。本堂の幅も上と下で白銀比をなし、西院伽藍《がらん》の回廊《かいろう》も白銀比をなしているという。また、聖徳太子によって建立《こんりゅう》された四天王寺《してんのうじ》伽藍の敷地の短辺と長辺も白銀比になっているという。絵画でいえば、雪舟《せっしゅう》の「秋冬山水図」や菱川師宣《ひしかわもろのぶ》の「見返り美人図」などに白銀比がひそんでいるという。

三井秀樹氏は、西洋の美の規範がシンメトリー（対称性）と黄金比だとすれば、日本の美の規範は等量分割ではないかと述べている。等量分割とは「1：1」や「1：2」「1：3」といった整数からなるユニットである。たとえば、畳《たたみ》の比率は「1：2」であり、半畳《はんじょう》だと「1：1」となる。「1：1」という比率は、その対角線をとれば$\sqrt{2}$、つまり白銀比になる。また、日本では大陸から仏教伝来とともに、一、三、五、七といった奇数を縁起《えんぎ》のいい数字と見なしてきた。こうした整数を組み合わせた比率を生活に取り入れることが、日本人の美意識につながってきたという面もある。黄金比がダイナミックな印象を与えるのに対して、シンプルな等量分割は静的な印象を与える、ともいわれる。

ただ、ここにも黄金比を扱うときと同じ罠《わな》がひそんでいる。黄金比が西洋の美を理解する一つの基準でしかないように、白銀比もまた日本の美を理解するための、いってみれば補助線のようなものだ。そこには例外も存在する。たとえば、葛飾北斎の「富嶽《ふがく》三十六景」の一つに「神奈川沖浪裏《かながわおきなみうら》」がある。これはゴッホやドビュッシーが絶讃したという浮世絵の傑作《けっさく》だが、ここで描かれている波は黄金らせんに近い。また、ここでは富士山は西洋的な遠近法を用いて波の向こうに小さく描かれている。

つまり、この絵は遠近法と黄金比という、典型的に西洋的な技法で描かれているのである。ゴッホやドビュッシーがこの絵に感激したのは、そのせいかもしれない。しかし、だからといって、この絵が日本画でないとはいえない。美しさに規範をあてはめるのには、こうしたむずかしさがある。

## ニューギニア高地人にとって美人とは

テレビの海外取材番組で、日本の女優やタレントの写真を外国人に見せて、いちばん好きなのはだれかと聞く企画がある。異なる文化背景を持つ人が、女性の好みにどんなちがいを見せるのかを知って楽しもうというものだ。しかし、その文化があまりにもちがう場合、こうした投票は成立するのだろうか。

一九六〇年代、ジャーナリストの本多勝一氏が、この点について興味深い試《こころ》みをしている。「極限の民族」を取材するという企画で、カナダ先住民のイニュイ族と、ニューギニア高地人と生活をとも

葛飾北斎「神奈川沖浪裏」に描かれた波は黄金らせんに近い。

にしたときに、村の男たちに日本と欧米の女優の写真を見せて、どの女性がいちばん美人だと思うか選んでもらったのである。

カナダ先住民の場合は、アメリカのモデル、マリリン・モンロー、日本人女性一人、それに彼らと同じ先住民の美女の四人の写真を見せた。その結果、彼らが美人と判断したのは、自分たちと同じアジア的な顔立ちをした日本人と先住民の女性で、マリリン・モンローは最下位だった。当時、先住民の文化にはすでにキリスト教が入ってきていたが、欧米人を見る機会はほとんどなかった。その彼らにとって美人の基準は、自分たちと同じアジア系の顔にあったことがわかる。ただ、村のインテリを自称し、教会で牧師役を務《つと》めている男性だけは、西洋的な価値観にふれているせいか、先住民の美女ではなく、アメリカのモデルを上位に選んだ。

ニューギニア高地人へのアンケートのときには、もう少し選択肢《せんたくし》がふやされた。インドネシアの女優、エリザベス・テイラー、吉永小百合、ソフィア・ローレン、カナダ先住民、着物姿の倍賞千恵子、アメリカの金髪美人歌手、それにボルネオのダヤク族の女性という八人の写真を見せて、だれが好きでだれが嫌いかと答えてもらった。

ところが、質問をしても、ストレートに答えが返ってこない。ある者は「へえ、これが全部おまえのワイフか」といい、別の者は「全部いい女だ。でも、ワシは年寄りだから、どれが欲しくても、もうダメだ」といい、その息子は「全部よくないね。一番いいのはあれだ」といって自分の妻を指す。ちっとも、こっちの質問には答えてもらえない。そこで、まともに質問に答えた者にマッチをあげたところ、マッチほしさに二〇人以上が好きな女性と嫌いな女性をあげた。ところが、その答えがばらばらで、傾向らしき傾向がつかめない。異国の女性はたんに珍しいだけで、好き嫌いを判断しようがなく、あてずっぽうに答えたのであった。

ニューギニア高地人には美人と不美人が区別できないわけではない。カナダ先住民の場合は、提示された写真の中に、自分たちと同じアジア系の女性の尺度を適用できる美女がいた。けれども、ニューギニア高地人の場合、ここに示された女性の顔立ちと、ふだんの自分たちの美意識とが一致する点がどこにもなかったのである。逆に、なんの予備知識もなくニューギニアを訪れた日本人の前に、ずらりとニューギニアの女性をならべて、だれが好きか嫌いかいってみろといわれたら、おそらく答えられないだろう。われわれの持っている美人・不美人の尺度が、初めて見るニューギニアの女性たちにはあてはめようがないからである。どのような人が美人かそうでないかは、文化の中で学習された尺度によっているのだ。

また、本多氏はこのとき「異性の好き嫌いを決めるのに、顔が重要な要素となるような文化は、かなり発達した段階にならないと出てこないのではないか」と書いている。日本でも、イケメンという言葉があるように、異性の美しさの判断基準が、比較的顔に偏重《へんちょう》する傾向がある。身長や体型も重要な要素だが、美人かどうかというときには、概して顔が評価基準になりがちである。しかし、ぼくがエジプトに暮らしていたころ、エジプト人男性と女性の美しさをめぐる話になると、決まって彼らが重視するのが、ふっくらとした体型だった。たしかに顔も見ているのだが、それ以上に色の白さとか、体つきが、美人の条件として顔以上に重んじられている印象を受けた。アフリカのほかの国々でも、その傾向があるように思う。

## 消えたお歯黒

日本画や浮世絵などの表現から、日本の伝統的美人は、線で引いたような細い目が好まれていたといわれることがある。しかし、目を細く描くのは日本画の様式であって、実際には、細い目の女性が美人だと思われていたわけではないようだ。明治時代に撮影された、当時、美人といわれていた女性たちの写真を見ると、かならずしも細い目をしていない。むしろつぶらで黒目がちな瞳をして、鼻筋《はなすじ》もすっきりと通っている人が多い。目鼻立ちについていえば、今日と美しさの基準はあまり変わらないように思われる。

ただ、輪郭《りんかく》については流行があったようだ。飛鳥《あすか》・奈良・平安時代は下《しも》ぶくれて、ふっくらした顔が美しいと見られていたようだが、江戸時代には「一瓜実《うりざね》に二丸顔、三平顔に四長顔、五まで下がって馬面顔《うまづら》」と落語にいわれたように、面長《おもなが》な瓜実顔が美しいとされた。それでも、日本的美人の顔立ちそのものが、大きく変化したということは、あまりないようである。

むしろ、変化してきたのは化粧法である。いまは小顔《こがお》がブームだが、平安時代の貴族の女性は、むしろ顔は大きく見える方がいいとされていた。眉毛《まゆげ》を剃《そ》って、額《ひたい》の高い位置に眉を描いたのも、顔の大きさを強調するためである。目鼻立ちをどのように見せるか。そこに時代や文化による美しさの変化が現われているように思う。なかでも、日本女性のユニークな化粧法として、長年つづけられてきたものに、お歯黒《はぐろ》と眉剃《まゆぞ》りがある。お歯黒は、鉄漿《かね》と呼ばれる鉄やタンニンを含んだ酸性の溶液を歯に塗って、黒く染める習慣であり、縄文時代にはすでに行なわれていた。眉剃りも、平安時代から貴人の間では長く行なわれてきた伝統であった。

江戸時代には、お歯黒は都市部の既婚女性のあかしだった。また眉を剃り落とすのも都市部の女性のたしなみだった。遊郭《ゆうかく》の遊女《ゆうじょ》も男性を引きつけるためにお歯黒をし、身請《みう》けされると眉を剃った。

現代の感覚からすれば、歯を黒く染めて、眉を剃った女性の顔は、不気味には見えても、なかなか美しいとは感じにくい。しかし日本の歴史の中では、お歯黒・眉なしが美しいと捉《とら》えられていた時代の方が、はるかに長かった。

どうして、お歯黒・眉なしが美しいと感じられたのか。一説には、それによって表情が隠れたからだといわれる。日本では明治以前までは、高貴な身分の人たちの間では、表情をむやみに表わすのは品がないと思われていた。眉や口元は、表情が出やすい。眉を剃り、口元を暗くすることで、表情の変化が抑えられ、それが品のよさと見られたのだろう。

明治のイギリス公使夫人のメアリー・フレイザーはこう書いている。

「この国の上流の人びとは、もっとも無表情な顔を装い、くぐもった静かな声を好んで用います。声音《こわね》の変化とか豊かな表情といった、私たちがたいへん魅力的に感じることがらは、日本では下層階級にのみふさわしいものとして非難されるのです」

(『英国公使夫人の見た明治日本』)

お歯黒をする江戸時代の女性

基本的にはお歯黒は女性の身だしなみだった。しかし、平安時代には身分の高い男性もお歯黒をしていたし、室町時代や江戸時代にも高級武士はお歯黒をしていた。お歯黒が当たり前の時代には、白い歯の方が「鬼婆みたいで気味が悪かった」といわれていたほどなのである。

どうして、お歯黒は廃《すた》れてしまったのか。きっかけは明治時代の欧化政策だった。幕末から明治にかけて日本にやってきた外国人たちの多くは、日本についての見聞記《けんぶんき》を残している。それによると、彼らの目にお歯黒は、きわめて異様なものに映ったようだ。日米和親条約を締結《ていけつ》したペリーは士官たちと横浜村に上陸したとき、招かれた家でお歯黒をした女性を目にした。ペリーはそのときの印象をこう記している。

「二人とも笑みを浮かべてはいるが、ルビーのような唇を開くたびに真黒に染めた歯と腐った歯茎が覗き見えた。それは不気味で、匂いも悪いし、衛生的にも決してよいものではなかった」（『日本遠征記』）

ペリーはお歯黒が日本の既婚女性の身だしなみだということも知っていた。それでも、この風習は彼にはグロテスクで気味の悪いものにしか見えなかった。駐日イギリス公使のオルコックも『大君の都』の中で、お歯黒をして眉を剃った女性を「あらゆる女性のうちで、人工的な醜さの点で比類のないほど抜きんでている。彼女たちの口は、まるで口を開けた墓穴のようだ」と形容している。

明治政府は、進んだ西欧諸国から見て、お歯黒と眉剃りの習慣が、野蛮に見えることを知って焦《あせ》った。このままでは日本は野蛮な国として外交的に軽《かろ》んじられてしまう。そこで政府は明治三年に皇族・貴族に対してお歯黒・眉剃りの禁止令を出す。皇后《こうごう》と皇太后《こうたいごう》が、これをいちはやく受け入れてお歯黒をやめ、以後、お歯黒の習慣は徐々に廃《すた》れていく。それでも昭和五三年に、秋田県に住む当時九三歳の女性が、まだお歯黒をしていた記録があるという。明治生まれの女性の中には、この方のように、昭和になってからもお歯黒をしつづけていた人も少なからずいたのだろう。

お歯黒や眉剃りにくわえて、伝統的に日本女性の化粧とされていたのが、白粉《おしろい》メイクだった。いまでは白粉を分厚《ぶあつ》く塗るのは歌舞伎俳優くらいだが、かつては顔とうなじにたっぷり白粉を塗るのは、婦女子の身だしなみとされていた。明治時代の白粉には鉛《なまり》が含まれていたため、白粉を大量に使う歌舞伎役者の間では、鉛による中毒事件も起きていた。それでも白粉の使用は止まらなかった。いまでこそ、若い女性のノーメイクは清純な印象を与えると考えられているが、当時は上流の名家の女学生ほど、しっかりと白粉を塗っていたという。むしろノーメイクは、がさつな印象しか与えなかったようである。

お歯黒と眉剃りの習慣が外圧をきっかけに廃れてからというもの、日本女性の美しさの基準は、大きく変化していった。

大正時代には、多くの婦人雑誌が創刊され、美容や化粧、ファッションなどについての、さまざまな情報が庶民にもたらされるようになった。それによって西洋人のほうが日本人よりも美しいという観念が広まっていった。西洋文化を取り入れるとともに、西洋人が持っていた、西洋中心主義や東洋蔑視観《べっしかん》まで取り入れてしまったのである。

西洋人こそ美しいという観念が広まるにつれて、女性の容姿《ようし》について、それまでほとんど問題にならなかった「体型」が関心を集めるようになる。外国映画に出てくる欧米の女優や洋装の普及《ふきゅう》などの影響もあって、大正から昭和にかけて、脚の長さや腰つきといった肉体美が、女性の美しさの条件として注目を浴びるようになった。

また、それまで女性の品の良さはなるべく無表情であることにあった。お歯黒や眉剃りや白粉も基本的に表情を隠すための化粧だった。「能面のような顔つき」という言い回しがあるが、これはいまでこそ、無表情でなにを考えているのかわからない不気味な顔を表わす形容だが、明治期までは、それは上品なつつましさを表わす言葉だった。

ところが、こうしたつつしみは、だんだんと嫌われ、豊かな表情こそが美しいとされるようになっていった。眉を剃って表情を隠すのではなく、西洋人のようにメイクで目を大きく見せたり、二重《ふたえ》まぶたがいいと感じるようになったのも、そのほうが表情豊かに見えるからである。また、伝統的に日本ではおちょぼ口の女性が美しいと見られていたが、しだいに大きな口のほうが好まれるようになっていった。大きな口のほうが、表情の豊かさが強調されるからである。このようにして、現代の日本に見られるような、西洋化された女性美の尺度ができていったのである。

## 美女は世につれ

しかし、日本がお手本としてきた、このような西洋的な美人の尺度も、初めからあったわけではない。西洋でも、時代によって、いろんな美人の尺度があり、それはさまざまな変化をとげてきた。その歴史をかんたんにたどってみよう。

古代エジプト人はたいへん化粧に熱心だった。当時の壁画や彫刻を見て、まず気づくのは目のまわりを隈《くま》どるアイラインである。これはアイシャドーの起源ともいわれるが、もともとは美しく見せるための化粧であるとともに、呪術的《じゅじゅってき》な意味があったともいわれる。目は表情がもっとも強くあらわれる部分であり、そこを強調することで邪悪《じゃあく》な力をはねかえせると考えられたのである。さらに女性はかつらをかぶり、宴《うたげ》のときにはその上にお香のかたまりをのせ、それが体温で溶けると、あたりに芳香《ほうこう》が漂《ただよ》うようにした。また、頬をばら色に染め、唇には紅をさした。

化粧熱心だったエジプトとは対照的に古代ギリシアの時代は、鍛えられた肉体が美しさの条件だった。化粧品のことを英語でコスメティクスというが、その語源はギリシア語で宇宙や秩序を表わすコスモスに由来する。それは、本来、うわべを飾ることではなく、宇宙の秩序との調和を意味していた。その美意識が、ギリシア彫刻に見られるような裸の肉体の均整美へとつながった。

ローマ時代になると、人びとはからだを磨き上げ、飾り立てることに夢中になる。また清潔であることが美しさの条件にもなった。婦人たちは風呂に入り、脱毛し、マッサージをし、白粉《おしろい》や頬紅、ア

アイシャドーの起源は古代エジプトにあり。
ラーヘテプとネフェルトの像（紀元前2600年頃）

イラインなどで丹念に化粧するようになった。それは一説には、飽食《ほうしょく》の不摂生《ふせっせい》な生活で不健康になった肉体を隠すためだったともいわれる。

中世キリスト教世界では、女性に求められた美しさは、聖母マリアのような若く、無垢《むく》な、純粋さだった。髪は天使のような金髪で、肌は純真さを表わす白が理想とされた。一方、厚化粧は、人間を創造した神の御業《みわざ》を否定することにもつながった。

ルネサンスになると、ローマ時代の写本が翻訳されたことによって古代の化粧法や美容法が流入してくる。男女を問わず、人びとは美しく装《よそお》うことに夢中になった。女性は髪を金髪に染め、さまざまな形に編んだ。生え際《はえぎわ》の毛を抜いたり剃ったりして額を大きく見せることも、イタリアやイギリスの高貴な婦人の間では美人の条件とされた。肌には美白をほどこし、黒目をぱっちり見せるために、瞳孔《どうこう》を広げる作用のあるベラドンナの汁を目にさした。ベラドンナの汁には毒性があり、失明する危険もあったが、婦人たちの美しくなりたいという欲望はそれに勝《まさ》るものだった。

一七世紀のバロック時代から一八世紀のロココの時代にかけて、人工的な美しさを求める傾向はさらにエスカレートしていく。貴婦人たちは、肌に厚く白粉を塗り、頬紅をつける。白粉には鉛が含まれていたため、肌が荒れたが、それを隠すために、なおいっそう厚化粧をしたり、つけぼくろをしたりするようになる。頭には大きなかつらをかぶり、色のついた髪粉をかけ、香水をまとった。かつらのサイズもエスカレートして、顔よりもはるかに大きなものになり、そこに太陽や月や帆船《はんせん》の模型などをあしらって、ちょっとした箱庭のようにしたものさえあった。

また、上半身はくびれをつくるためにコルセットで肋骨《ろっこつ》が変形するほどきつく締め上げた。一方、

上　18世紀後半のヨーロッパでは巨大で奇抜なデザインのかつらが流行した。

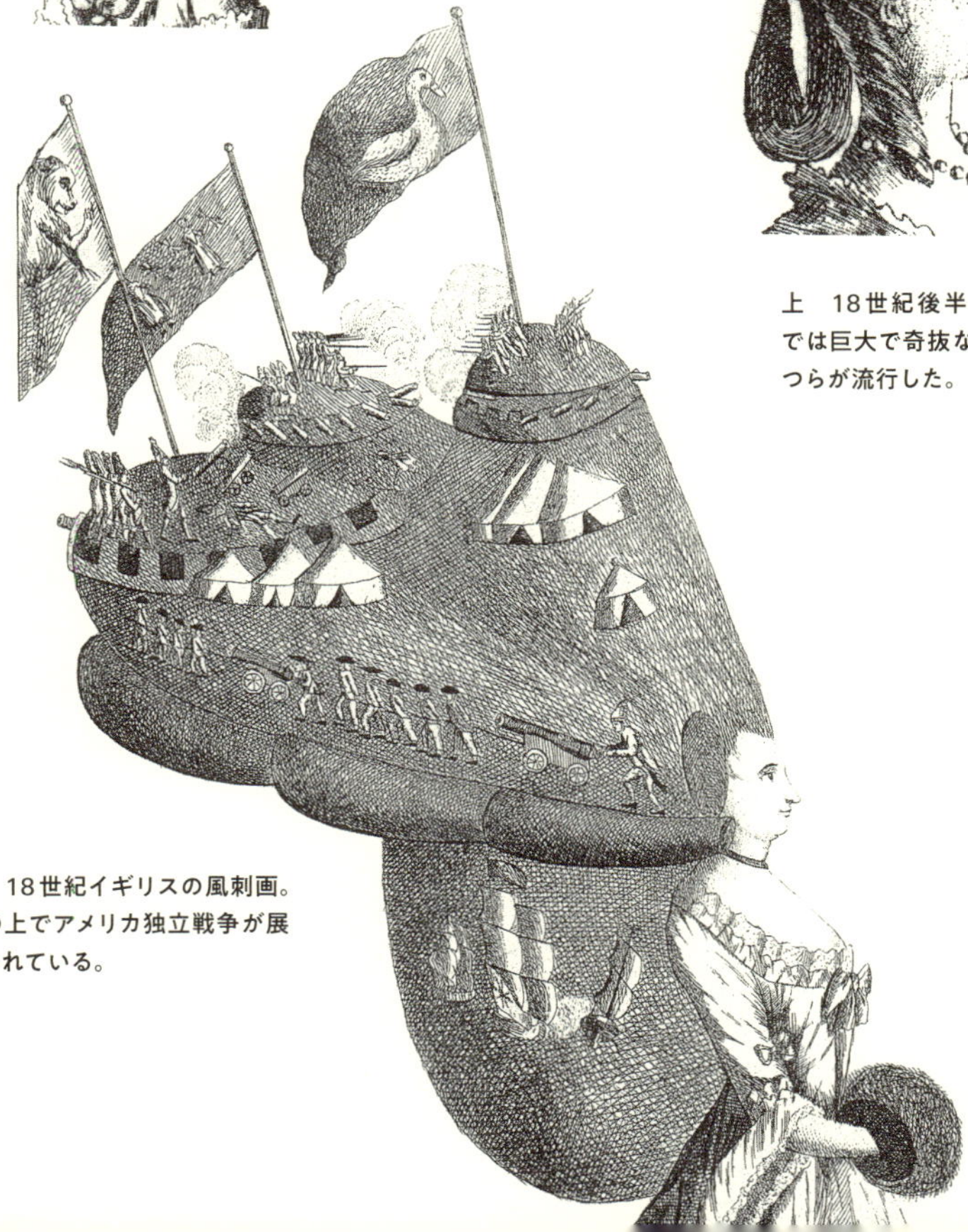

下　18世紀イギリスの風刺画。髪の上でアメリカ独立戦争が展開されている。

腰回りは詰め物をして豊かに見えるようにふくらませる。ふくらはぎも詰め物でふくらませて、足は小さいハイヒールで締め付ける。こうしてできあがった肉体は、極端に大きな髪、華奢《きやしや》すぎる肩、張り裂けそうなほど豊満な胸、細すぎるおなか、肩よりも巨大な腰回り、ふっくらとしたふくらはぎ、ほっそりとした足首、小さな足という、グロテスクなほどメリハリのある人工的なものになった。

ところが、フランス革命の前後から、それまでの贅沢《ぜいたく》な貴族文化への反動と、ロマン主義に通じる自然への関心の高まりから、女性の装いも、よりナチュラルで飾らないものへの志向が強まってくる。人工的な見せかけの美しさではなく、化粧っ気《け》のない自然な顔色や、清潔さが重んじられるようになる。白粉を塗りたくった白い肌でも、頬紅による赤い肌でもなく、透き通るような自然な青白い肌が美しいとされた。

二〇世紀になると、もはやコルセットで体を締め上げてつくりあげた人工的なプロポーションは時代遅れになっていた。めまぐるしく変化する流行の中で、二〇世紀を特徴づけるのは健康的な肉体美への志向だった。女性が外に出て、自分を表現する機会が増えるにつれ、自由で、表情豊かで、活動的な印象を与える装いが、美しいとされるようになってきた。また、肌を露出する機会が増えたことも、女性に健康的な肉体美が求められるようになった一因だろう。

明治以降、西洋の女性の装いが、日本女性の美意識に大きな影響をもたらしたことは先に述べた。けれども、その西洋の女性もまた、長い歴史の中で、さまざまな美意識を右往左往《うおうさおう》しながら現代にいたっている。日本に開国を要求しに来たペリーは、お歯黒の女性を見て気味悪く感じたというけれども、それはペリーが生きていた時代には、アメリカでは比較的ナチュラルな装いが美しいと見られていたからである。もし、やってきたのがペリーではなくてロココ時代のフランスの貴婦人だったら、あるいは、ちがう反応をしていた可能性もないとはいえないのである。

## 「世界一の美女」って？

時代によって、美女の基準が異なるように、地域や文化、民族によってもどんな女性を美しいと見るかは異なっている。

その一方で、世界各国の美女を集めて世界一の美女を競《きそ》う、いわゆるミスコンという催《もよお》しが半世紀以上にわたって行なわれている。とくに有名なのは、ミス・ユニバース、ミス・インターナショナル、ミス・ワールドである。ミス・ユニバースとミス・インターナショナルは、ともに一九五〇年代初めに、アメリカで始まった。ミス・ワールドはほぼ同じ時期、ロンドンで始まったミス・コンテストである。

こうした世界規模のミスコンで毎年国別に美女のランキングがつけられているが、その上位を占める国には、やはり偏《かたよ》りがある。ブラジル発信のグローバル・ビューティーズ・コム（GlobalBeauties.com）というサイトでは、これらのミスコンの結果を総合して、毎年、総合ランキングを発表している。

ただ、その結果を見ると、ミスコンが始まって半世紀以上になるのに、登場する国に、それほど顕《けん》著《ちょ》な変化や入れ替わりがない。順位は入れ替わっているものの、そこをつらぬいている価値観は、基本的にはあまり変わっていないように見える。たとえば、一九五〇年代のランキングでは、スウェーデン、フィンランドなどの北欧諸国、アメリカ、フランス、ドイツ、ギリシアなどの欧米諸国、それにブラジル、ペルーなどの南米諸国が常連である。アジア諸国では、早くから西欧化の美意識を取り入れていた日本が唯一、上位にランク入りしている（一九五〇年代の総合ランキングは六位）。

一九六〇年代も傾向はあまり変わらない。六〇年代全体のベスト10の順位は、アメリカ、フィンランド、イスラエル、ブラジル、ドイツ、アルゼンチン、スウェーデン、フランス、イングランド、英連邦となっている。アジア諸国では日本が一五位、フィリピンが一七位となっている。

一九七〇年代には、それまで目立たなかったオーストラリアが急浮上してくるが、あとは六〇年代とそれほど大きな変化はない。八〇年代にはベネズエラ、コロンビアの躍進《やくしん》が目立つ。しかし、いぜんとしてアジア諸国はフィリピン（二二位）と日本（二三位）、韓国（二六位）、タイ（二七位）と、上位にはなかなか食い込めない。アフリカとなると、旧ザイール（現コンゴ民主共和国）の三四位が最高で、あとは南アフリカ共和国（四一位）、ジンバブウェ（四四位）、ナイジェリア（五八位）くらいである。

一九九〇年代には、にわかにインドが上位ランキングに食い込んでくる。また、北欧諸国にかわって、ベネズエラ、コロンビア、メキシコ、プエルトリコ、ジャマイカ、ブラジルといった中南米諸国がランキングの常連となり、美女・美男の国というイメージが確定的になる。また、東西冷戦の終結もあって、ロシアやポーランド、クロアチアといった国々がミスコンの中位に食い込んでくるようになる。二〇〇〇年代になると、中国が参入してくるが、やはりベネズエラをはじめとする中南米諸国の上位は変わらない。

こうしたランキングには、いったいどのような意味があるのだろうか。これまで見てきたように、どんな女性を美しいとするかという尺度は、文化や地域、時代によって異なっている。ミスコンは欧米文化の中から生まれたイベントであり、そこには欧米的な美人の尺度が反映されている。半世紀にわたるランキングを見てきても、そこでアフリカの国々が上位に食い込んできたことはない。ラテンアメリカの美女といっても、そこで選ばれるのは欧米の美意識にかなったエキゾチックな美しさであり、先住民の美女がそのまま評価されるわけではない。

一九五三年、日本人で初めてミス・ユニバースに参加して三位になった伊東絹子は八頭身であったという。しかし、それは日本人から見ても日本人離れした体型であり、けっして日本的な美しさが評価されたわけではなかった。それは、伊東絹子以降ミス・ユニバースで入賞した日本女性についても同様である。

ミスコンが示しているのは、どの国の女性が世界でいちばん美しいかということではなく、世界の中で、どのような容姿《ようし》が市場価値を持ちうるのかということにほかならない。ミスコンで選ばれる美女が美しくないとはいわないが、その美しさとはあくまでグローバルな市場価値を表わしているのである。

## フランスではすきっ歯が美人

ミスコン的な美しさは市場における価値の表われだと述べたが、それとローカルな美意識との間にはずれがある。国、民族、集団といったローカルな尺度によって、どんな女性を美しいと見るかはさまざまである。やさしさとか聡明《そうめい》さといった内面的な美徳については、ある程度、民族をこえて共通するものがあるが、外面的な美人の条件は多様性に富んでおり、なかには、日本人からすると意外に思えるものも少なくない。

フランスでは、上の前歯に隙間《すきま》がある、いわゆる「すきっ歯」がチャーミングと見られている。すきっ歯は日本ではけっして美しいとは思われていないが、フランスでは「幸せの歯」と呼ばれ、その隙間から天使が幸せを運んでくるといわれる。フランスの歌手・女優ヴァネッサ・パラディもすきっ歯がチャームポイントである。また、そばかすも、フランスでは日に焼けて健康的であることを示すチャームポイントになる。フランスには日本にあるような美白化粧品もあまり見られない。しみそばかすを毛嫌いする日本女性の感覚とは対照的である。

日焼けが魅力的と考えられているのは、スペインやイタリアも同様である。最近は皮膚ガン予防のために紫外線を浴びすぎないようにというキャンペーンが広く行なわれるようになってきたが、それでもＵＶクリームを塗るくらいで、日焼けそのものを避けようという意識はあまりない。こんがり日焼けをしたブロンズ色の肌は男女ともに憧《あこが》れであり、花嫁も白いドレスにブロンズの肌が似合うとされている。日焼けはバカンスで海に出かけたことを示す証《あかし》であり、一種のステイタスでもある。イタリアでは冬でも日焼けしている女性を見かけるが、これはわざわざ日焼けサロンで焼いているのだという。実際、イタリアには、エステと日焼けサロンがいっしょになった店が多い。また、日焼けのほかに、スペインやイタリアの美人の条件は、胸とお尻の大きさであり、なるべくそのラインを強調するような服装が好まれる。

これがアジアになると、一転して白い肌が美しいとされる。インドでもタイでも美人の第一条件は色が白いことだ。ミャンマーではふだんから子どもや女性はタナカーと呼ばれる木の樹皮《じゅひ》からつくる白粉《おしろい》をつけているが、これは化粧と日焼け防止をかねている。中国でも伝統的な美女の条件に「細腰《さいよう》雪膚《せっぷ》」という言葉がある。これは文字どおり、細い柳腰と雪のように白い肌をさす。フランスとは対照的に、日本の美白化粧品は中国では人気の的《まと》である。

イランやウズベキスタン、タジキスタンなど中央アジアの国々では眉毛がチャームポイントである。もともと、体質的に眉毛が濃い人たちなのだが、なかにはわざわざメイクで眉毛を書いて、つなげて一本にしている人たちもいる。眉毛のつながった女性というと、メキシコの画家フリーダ・カーロの自画像を思い出す人もいるかもしれないが、一般的なメキシコ人にはつながった眉毛を美しいと見る習慣は見られないようである。

南米のブラジルは、ベネズエラやコロンビアなどとならんで美人の産地といわれているが、ここでの美人の条件は、イタリアやスペインと同じく、日に焼けていること、それに上を向いた大きなヒップである。ただ大きいだけではだめで、ヒップの上部が切れ上がっているのがブラジルの男性を魅了するポイントだそうである。一方、胸への関心はヒップほど高くないという。

アフリカでは、たいていの地域では太った女性が美しいとされる。女性のふくよかさは、物質的な豊かさを連想させ、やせている女性は貧しさやひもじさを連想させるからだともいわれる。ただ、セネガルではむしろ、ほっそりした女性が好まれるので、これも一概《いちがい》にはいえない。エチオピア北部やソマリアは、手足が長くスタイルがよく、細面《ほそおもて》で鼻筋の通った女性が多いことから、美人の産地と呼ばれるが、これも欧米的な価値観をあてはめてそう呼ばれているだけであり、実際には美人かそうでないかは集団ごとに独自の尺度によって決まるのである。

## 砂漠の美男コンテスト

欧米の価値観をものさしにした世界規模のミスコンとは対照的に、地球上には民族独自の美意識を反映したローカルな美人コンテストもある。なかでも、西アフリカのサハラ砂漠の南縁に暮らす牧畜民ワダベ（ボロロ）が、年に一度行なうゲレウォルと呼ばれる美男コンテストは、民族の美意識をユニークな様式で表現したイベントである。

ゲレウォルは雨季の終わりにあたる九月から一〇月頃に行なわれる。この時期、トゥアレグやワダベといった砂漠の民たちはニジェールのインガルという小さなオアシスの村にやってきて「クア・サレ」と呼ばれる一週間にわたる大きな祭りを行なう。美男コンテストは、この祭りの中で行なわれるイベントの一つである。

ワダベの美男コンテストは、若者たちが美しさを競い合うことによって、若い娘たちに気に入られようとする、いわばお見合いパーティーだ。若者たちは顔に化粧をほどこし、さまざまなアクセサリーを身につけて着飾り、娘たちの前で、自分がいかに美しいかを誇示《こじ》しながら踊る。娘たちは、踊りを見ながら、気に入った若者を選ぶのである。

娘たちが若者を選ぶ基準は、ひとえにルックスのよさである。ワダベは西アフリカでも美男美女が多いといわれ、実際、彼らの社会でも美しさには大きな価値が置かれている。ゲレウォルは、そのワダベが青春のいちばん輝いている時期に、美貌《びぼう》を思いきりアピールして、女性を獲得するためのイベントなのである。

ワダベの考える美しい男性には、きびしい条件がある。背は高く、スリムでなければならない。しかし、痩《や》せすぎはだめで筋肉がきちんとついていなくてはならない。顔のつくりは左右対称であること、目は大きくまるいこと。鼻筋は長く、歯は真っ白で、均等に並んでいなくてはならない。これらにくわえて、美しく服を着こなすことができて、踊りがうまくなくてはならない。

コンテストにあたって、彼らがもっとも念入りに手をかけるのは顔である。若者たちは手鏡を見ながら、額を広く美しく見せるために、生《は》え際《ぎわ》を剃《そ》り、顔全体に赤や黄色の天然のファンデーションを塗る。白目と歯の白さが強調されるように、眉と目のまわりと唇は炭で黒く塗る。顔を左右に二分するように額から鼻筋、あごにかけて白い線を引いたり、頬に白い点で模様を描くこともある。

顔のメイクができると、首にお守りや十字架などのネックレスをかけ、色とりどりのビーズで刺繍《ししゅう》のほどこされたチュニックを着る。頭には白いターバンを巻き、ダチョウの羽をさす。そのほかにも、自分で工夫したアクセサリーを身につけたり腕時計をはめたりして、個性を出すのも自由である。帽子をかぶったり、色鮮やかなパラソルをさしたりする者もいる。こうして着飾ったワダベの若者は男性的というより、女性的な印象を与える。仕上げとして香水をふりかけるのも忘れてはならない。

午後、日が傾きはじめる頃、彼らは黄金色の光で顔が美しく見えるように西を向いて、砂漠に横一列にならんで、歌に合わせて、ゆったりと体を揺らして踊る。できるだけ背が高く見えるように、上に伸び上がるように踊る。このとき目をなるべく大きく見開き、眼球を中央に寄せたり、ぐるぐるまわしたりするのを忘れてはならない。そして、白くて美しい歯並びがよく見えるように唇を広げて笑顔をつくる。目をぎょろつかせつつ、笑顔をつくるというのは、表情としてはきわめて不自然だが、この仕草がワダベにとって、もっとも魅力的だと見られている。

娘たちは少し離れたところから、踊りを見つめる。娘の中から選ばれた三人が審査員となって、だれがもっとも美しいかを決める。選ばれた者は、ほかのワダベたちからの賞賛を一身に集め、多くの妻をめとることができ、一族にとっても名誉《めいよ》とされる。

ワダベにとっての美しさの条件は、大半のアフリカ人の体型からすると外れている。通った鼻筋や、大きな目、白い歯、背の高さ、スリムさ、淡い皮膚の色などは、どちらかといえば欧米人に近い美意識である。そうした美意識を理想とする尺度が、どのようにして生まれたのかはわからない。彼らは西アフリカに広く暮らしているフラニ人の系統だといわれているが、ワダベは、自分たちが白色人種の末裔《まつえい》だと信じているともいう。

## ムルシの美女から考える

同じくアフリカで、ユニークな美意識をもった人たちの例をもう一つ紹介しよう。

エチオピアの南西部、オモ川の流域にムルシと呼ばれる人たちが暮らしている。エチオピア南西部は、アフリカの中でも西欧文化との接触が比較的遅かった地域であり、いまも伝統的な暮らしをつづ

ワダベの美男コンテスト

けている少数民族が多い。その中でも、テレビの「世界びっくり美人」といった類《たぐい》の企画で、かならず取り上げられるのがムルシの女性である。

ムルシの人たちには、下唇を切って、そこに陶器製《とうきせい》のお皿をはめ込むという独特の習慣がある。女たちは一五歳くらいになると、下唇に切れ目を入れて、そこに初めは木製の皿をはめこみ、そのサイズを徐々に大きくしていく。結婚するころには直径一〇センチ以上の陶器の皿をはめられるようになる。この皿をはめるのはムルシの女性の正装《せいそう》であり、夫の前ではなるべく外さない。

よくいわれるのは、「ムルシにとっては、この皿が大きいほど美人だとされている」ということである。しかし、下唇に皿をはめるのがムルシの女性の伝統であるのは事実だが、この皿が大きいほど美人だというい い方は誤解を招きやすい。皿そのものが美人のしるしというわけではなく、皿をはめていることがムルシの女性としての基本的な身だしなみなのである。

どうしてムルシの女性は、このような皿をはめるのか。よくいわれることの一つに、この皿が大きいほど、結婚するときに夫から贈られる牛の数が増えるという説明がある。たが、実際には婚約が成立したあとで女性が下唇に切れ目を入れるケースもあるというので、これは正しくない。また、この習慣はムルシの女性が奴隷商人たちに連れて行かれないように、わざと唇を切って醜く見えるようにしたことが始まりだという説もある。しかし、それを裏付ける証拠はない。下唇を切って皿を入れる習慣は、ブラジル先住民のカヤポ族の間でも見られるが、それは奴隷商人とは関係がない。

ムルシの女性に「どうして皿をはめるのか」と聞けば、「それが私たちの伝統だからだ」と答えるだろう。江戸時代、女性が結婚すると、なんの疑問もなくお歯黒をしたように、ムルシの女性は適齢

ムルシと同じく下唇に皿を入れる伝統を持つエチオピアのスルマの女性
(photo: Nomachi Kazuyoshi)

期になると下唇にお皿を入れる。それはムルシとしての証《あかし》である。ムルシの男性にとっても、妻が下唇に皿を入れた姿で家事をしているのを見るのは安心感があるという。食事のときに不便ではないかという気もするが、それはムルシの文化の外側にいるから、そう感じるのである。江戸時代に髷《まげ》を結《ゆ》っていた日本人は、寝るときに不便だなどとは思いもしなかったはずである。異文化との接触によって初めて髷をしていることに疑問を抱いたのである。

その意味では、いまではムルシもまわりから自分たちが、どう見られているかを知っている。多くの外国人旅行者が皿をはめたムルシを見たり写真を撮ったりするために、オモ川周辺を訪れるようになったからである。

だが、われわれが、皿をはめたムルシの美人に注目するとき、その関心はけっしてニュートラルなものではない。そこには「こんな奇怪な風習がアフリカにある」という、いわば相手の文化に対するさげすみの気持ちがどうしても含まれている。彼らの写真を撮るのも、その姿を美しいと思っているわけでも、彼らの習慣を尊重しているからでもない。帰国して、家族や友だちに写真を見せて「ほら、こんな珍しいものを見たんだよ、これが美人のしるしなんだってさ」といって面白がるためだからだ。ムルシ自身もそうした旅行者の本音はうすうすわかっているが、写真を撮らせることとひきかえに得られる現金収入のために、それを受け入れているのではないか。「下唇にお皿を入れたムルシの美人」といういい方の背後には、そんな現実がある。

長年にわたってムルシの調査をしている人類学者デヴィッド・タートンが、あるとき旧知のムルシの男性たちにインタヴューをしている。そのやりとりの一部を引用しよう。

——外国人がきみたちの写真を撮ることを、どう思う。

「それは、彼らの問題だ。彼らはそういう種類の人間なんだ。写真を撮る。それが白人のやり方だよ」

——でも、本音ではどうなんだい。

「本音？　わからないね。彼らは言葉がわからない。どうしてそんなことをするのかと、われわれが聞くこともできない。……彼らはわれわれのことを知りたいだけなのかどうかもわからない。でも、礼儀知らずなのはたしかだね」

別のムルシの男はこう語る。

「写真を撮るなら、お金をたくさん払うべきじゃないかい。でも、彼らはそうはしない」

——それはよくないね。

「そう、そのことでいつも争いになる。彼らはわれわれをだますんだ」

——それに対して文句をいったかい。

「もちろん。でも、彼らときたら自動車に飛び乗って、逃げてしまうのさ……われわれに車をくれないか。そしたらそれに乗って、あんたたちの写真を撮りにいくよ（笑）」

皿をはめたムルシは、それを見るわれわれ自身が抱いている偏見や差別意識をいやおうなく浮き彫りにする。だから、ムルシがときどき買い物にくることで知られるエチオピア南西部のジンカの町の市場を訪れたとき、ぼくは少し緊張していた。もしムルシが来たならば、きっと下唇にお皿をはめたその姿にむけて、カメラを構《かま》える誘惑を抑えられないかもしれない。そして、なにがしかのお金を要求され、金額をめぐって、少し口論をして、そのあとなんともいえない苦い気持ちになったことだろう。しかし、幸か不幸か、その日、ムルシはジンカの市場には姿を現わさなかった。残念ではあったけれど、少しほっとしたのも事実だった。

## 首輪を外したカヤンの女性

エチオピアのムルシのほかにも、身体に独特の変工《へんこう》をくわえている民族の一つにミャンマーやタイに暮らすカヤン族がいる。俗にいう「首長族」である。カヤンの女性は、幼いときから真鍮《しんちゅう》のコイル状の輪を首に巻くという習慣がある。成長するにつれて、首輪は重く長くなり一〇キロ近くになるものもある。この首輪の重さで鎖骨《さこつ》と肋骨《ろっこつ》が下に押しつけられて変形し、首が長くなったように見えることから「首長族」の名がある。

このカヤンの風習について、首が長ければ長いほど美人のしるし、といわれることがある。しかし、これもムルシのお皿と同じく誤解を招きやすいいい方である。たしかに、かつては首輪をつけて首を長く見せるのは、カヤンの人たちにとっては魅力的なものと映っていただろう。しかし、彼らは首輪をつけたその外見を美しいと感じていたわけではない。

カヤンの女性は、首輪をつけることによって、自分がカヤンであるという自覚をもつとともに、他民族にそれを示すことになる。首輪は自分がカヤンであることに誇《ほこ》りを持ち、カヤンとしての自分の存在を肯定するために欠かせないしるしだった。そのような誇りや自覚を与えてくれるがゆえに、首の長い女性はカヤンにとって美しいのである。

ムルシが下唇に皿を入れた姿を美しいと感じるのも、おそらく同じ理由である。外見が問題なのではなく、それによって自分たちが、同じ民族に属していることを誇りをもって確認できるかどうかが重要なのである。

しかし、いま、カヤン女性の首は長いほど美人だと単純にはいえない。タイに暮らすカヤンの多くは、生まれ故郷であるミャンマーの内戦を逃れてタイに逃げてきた難民である。彼らは初めは難民キャンプに暮らしていたが、その後タイ政府によってタイ北西部の観光村に移住させられた。そこで外国人観光客の撮影の被写体となりながら、土産物を売り、その代わりに、政府から生活費を与えられている。そのため生活は安定しているものの、難民としての国際的な保護は適用されていない。

観光村のカヤン女性たちは、首輪をつけるのが、もはや自分たちの誇りや自覚のためではなく、観光用の見世物《みせもの》になるためであることもわかっている。そこに美しいという意識が芽生《めば》えようはずもない。それでも収入を得るために多くの者はやむなく首輪をはめているが、なかには自らの意志で首輪を外す女性もいる。首輪をつけることに、もはや誇りを感じられないからだ。それどころか、首輪はいまやカヤンの人たちの、文字どおりくびきになっているともいえる。

## 人間は自然のままでは美しいと感じない

ムルシやカヤンの身体変工は、かなり特殊なものに見える。しかし、身体変工そのものは、けっして珍しくはない。入れ墨や瘢痕《はんこん》もそうだし、ピアスや、つけまつげ、つけ爪も広い意味では身体変工である。

いや、自分はナチュラル志向だから、そのようなことはしないという人もいるかもしれない。しかし、本当にナチュラルがいいというのであれば、髪も切らないし、服も着ないはずであるが、実際には、そんな人はいない。人間はからだに手を入れずにはいられない存在なのである。すっぴんといっても、なにもしていないわけではなく、「すっぴん」というイメージの身体変工や化粧をほどこしているのである。

人間は自然のままでは美しいと感じない。美しさとは、自然に手を加えることによって、初めて獲得されるものである。それは文化や時代のちがいを超えて、世界中のどの民族にも共通している。ちがっているのは、どのような手の入れ方をしているかである。前に述べたように、人間は、あるがままの自然にはなかなか関心を持たなかった。そこに「崇高《すうこう》」とか、「ピクチャレスク」といったフィルターをかけることで初めて、自然を美しいものとしてとらえられるようになった。同じことが化粧や身体変工についてもいえる。

身体変工の多くは共同体への帰属《きぞく》を表わすしるしである。半永久的な傷をつけることで、共同体の

タイ北部の村に暮らすカヤンの家族 (photo: Kitamura Hiroshi)

一員としての自覚をうながすのである。ユダヤ人やイスラム教徒はそのために割礼《かつれい》を行なう。エチオピアのムルシの下唇、タイのカヤンの長い首、ポリネシアやミクロネシアの人たちの入れ墨などもそうである。スーダン南部の人たちは、民族ごとに顔に入れる瘢痕《はんこん》の模様《もよう》がちがう。いずれも身体変工をほどこすことで、自分たちの文化や伝統につながることができる。だから、それは彼らにとって美しいのである。

なかには廃《すた》れてしまった身体変工もある。たとえば中国女性の纏足《てんそく》。纏足は幼い頃から女性の足を布できつく縛《しば》って、足が大きくならないようにするものである。足が小さいのが美人と考えられ、また足が小さければ走りにくいので女性を支配しやすいなどの理由があったといわれる。

二〇世紀になって纏足は女性差別のシンボルとして廃止運動が高まったが、それまでは女性自身が、それを本当に不自由だと感じていたかどうかはなんともいえない。むしろ、それは女性にとっても自分の価値を高めるという点で、美しいものと見られていたのではないか。実際、一九三〇年代になっても、中国女性の三分の二はいまだ纏足をしていたという。それが女性にとって屈辱的《くつじょくてき》なものだという自覚が芽生《めば》えたのは、纏足をしない文化や情報との接触によってである。

共同体に帰属していることに誇りをもてれば、身体変工は美しさの証《あかし》となる。しかし、共同体が崩壊したり、ほかの文化との接触や、社会の変化によってその身体変工に誇りがもてなくなったりしたら、その習慣は廃れていくだろう。共同体の中で、プライドをもって自分を肯定できていることこそ「美しい」ことにほかならないのだから。

column

# おまえはやって来た

昔、一本の民族ドキュメンタリー・フィルムを見た。アフリカのどこかの村の暮らしを淡々と撮影したもので、内容はよく覚えていないのだけれど、最後の場面がとても印象に残っている。

それは夕暮れどき、二人の男が村はずれであいさつを交わす場面だった。二人は別々の村に暮らしていて、ずいぶん久しぶりに再会したらしかった。夕闇を背景に立つ二人は、淡々とこんな会話を交わす。

「おまえはやって来た」

「そう、おれはやって来た」

「そうだ、おまえはやって来た」

「そのとおり、おれはやって来た、おまえに会いにやって来た」

「おまえは元気そうだ」

「そう、おれは元気だ。元気でここにやって来た。元気でおまえに会いにやって来た」

「村では変わりはないか」

「ああ、変わりはない。いつものとおりだ」

「いつものとおりか。変わりはないのだな」

「変わりはない。××族のやつらはウシを盗みにやって来るし、△△のところにはまた子どもが生まれ、怠《なま》け者の◯◯は女房に尻を叩かれている……」

「そうか、いつものとおりか」

「ああ、いつものとおりだ」

「おまえは来た」

「ああ、おれはやって来た……」

二人は同じようなやりとりをいつまでもくりかえし、会話はとくに発展することもない。民族誌映画なので演出があるわけでもない。けれども、夕闇を背景に二つの黒い影が交わす会話を聞いていて、思わず涙ぐみそうになった。どうして、そんな気持ちになったのか、自分でもうまく説明できない。相手がそこにいること、そして自分がここにいることを、くりかえし確かめるようなやりとりに、自分の生活に欠けている存在の確かさのようなものを感じたからかもしれない。

けれども、実際にアフリカを旅していると、長いあいさつは、かえって面倒だった。こっちは急いでいるのに、長い儀式ばったあいさつがつづいたり、ほとんどなんの情報も含まれていないやりとりをつづけなくてはならなかったりするのは、ときには苦痛だった。質問をしてもストレートな答えが返ってくることはめったになく、ピントのずれたやりとりをつづけたあげく、結局、知りたいことはわからない、時間はむだになる、ということが重なるたびに、がっくりさせられたものだ。

しかし、エジプトで暮らしているうちに、あいさつとは、いわばキャッチボールのようなものだと気づいた。エジプトでは朝のあいさつは、「サバーフルヘイル」(よい朝を)、「サバーフンヌール」(光の朝を)というかけあいである。しかし、ときには「バラの花の朝を」「ジャスミンの朝を」「マメの花の朝を」というふうに、互いに花の名前を交互にくりかえすというパターンもある。

そこでは情報の交換に意味があるのではない。言葉を投げては受け取り、また投げ返す、その時間の中に、コミュニケーションの回路ができてゆくのを楽しんでいるのだ。

具体的な情報のやりとりとは、いわば互いを利用し合うことである。相手から役に立つ情報を引き出し、その対価として相手が必要とする自分の情報をさしだす。それは等価交換、いわゆるギブ・アンド・テイクである。

けれども、「あいさつ」はそうではない。エジプトやアフリカの長いあいさつを聞いていて感じたのは、情報のやりとりよりも、互いが同じ場所と時間を共有していることをたしかめあうことのほうが、だいじらしいという思いだった。もちろん、そこには商売がらみのかけひきや腹の探りあいもあるだろう。それでも、直接の話題とは関係のない言葉のキャッチボールをくりかえすことで、なんともいえないまったりとした空間がそこに広がっていくのはほんとうだ。

この話にはまだ先がある。あるとき、久しぶりに会ったアフリカに暮らす友人がこんなことをいった。「ここでは人がかんたんに死んでしまう。日本では考えられないようなほんの些細《ささい》な原因で、それまで元気だった人が、まるで枝から葉っぱが落ちるようにある日突然、亡くなってしまう」

たしかに、まわりを見まわせば、そこでは死は日常だった。ある家族に子どもたちがいれば、かならずといっていいほど、彼らには亡くなった兄弟や姉妹がいる。きのうまで元気だった人が、風邪《かぜ》や下痢《げり》、あるいはちょっとした怪我《けが》のような、およそ日本では致命的とは考えられていない原因で、あれよあれよという間に死んでしまうこともある。だから、彼らの死に対する態度は、ある意味できわめてドライである。

アフリカの知り合いと話していて、以前よく彼といっしょにつるんでいた相棒の話が出ないので、どうしたのかと思って訊《たず》ねてみると、「ああ、彼は死んだ」と興味なさそうな短い答えが返ってきたりする。仲が良かったように見えていたのに、そのわりには、なんて無関心な態度なのだろうといぶかしくなるほどである。しかし、それは彼らが薄情なのではなく、じたばたしたところでどうにもならない現実にたいする深い諦念《ていねん》が、死に対してドライな態度をとらせるようになったのかもしれない。

アフリカの医療事情の貧しさもさることながら、ぼくが圧倒されるのは、彼らの日常が置かれている死と隣り合わせの「生」の危うさである。死は彼らのすぐかたわらに立っている。そして、彼らもそのことを知っている。

そんな現実を見るうちに、道ばたの靴磨《くつみが》きの少年や、片脚を引きずって歩く物売りのおやじ、下町の大道芸人《だいどうげいにん》などと言葉を交わすたびに、不謹慎《ふきんしん》かもしれないが、「彼らは来年も生きているのだろうか」という考えがいつも心をよぎるようになった。そして長い間、忘れていたあの民族誌映画で見た二人のやりとりの意味が、ようやくしみじみとわかるような気がした。

「おまえはやって来た」

「そう、おれはやって来た」

「そうだ、おまえはやって来た」

「そのとおり、おれはやって来た、おまえに会いにやって来た」

いまになってみれば、この執拗《しつよう》なくりかえしには、互いが元気で会えたことがどれほど奇跡的なことなのかを言祝《ことほ》ぐ気持ちが込められていたことが、痛いほどわかる。

そのことを心から喜び、確かめるために、二人は「おまえはやって来た」となんどもくりかえしては、「そう、おれはやって来た」と切り返す。

ウシが盗まれるのも「いつものとおり」だし、夫婦げんかも子どもの誕生もやはり「いつものとおり」なのだ。それを確認し合い、ここにこうして生きて相まみえたことを祈るような美しい気持ちが、そのやりとりにはあふれていたのだ。

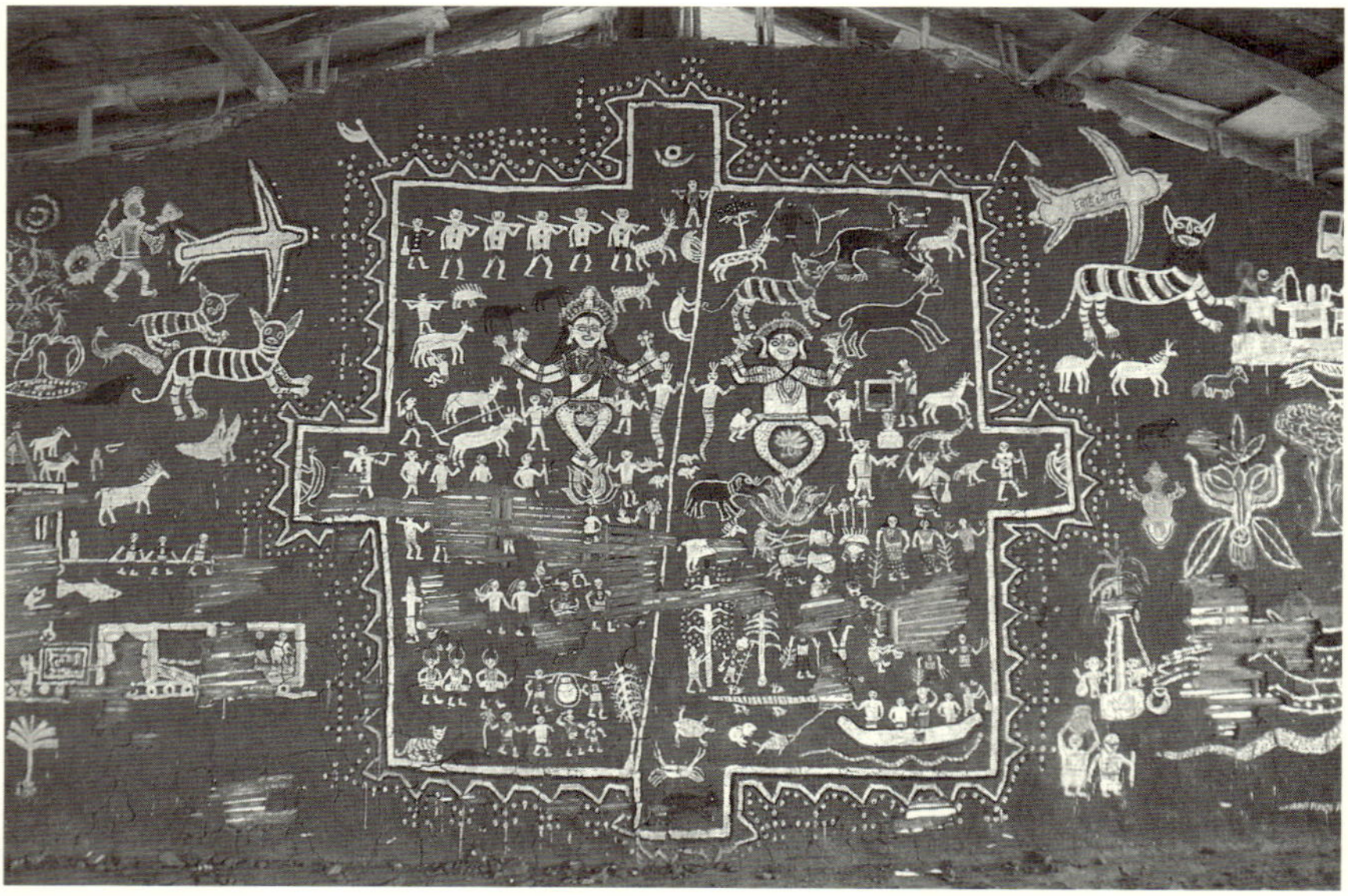

インド、チャティスガール州の小学校の壁に描かれたピトラ画とよばれる民俗画。
決められた季節に五穀豊穣や子孫繁栄を願って儀礼を行なってから描かれる。

# 3 アートと呼びたくないアートの世界

ここでは人がつくったカタチをとおして美しさというものを考えてみたい。といっても、よく知られているようなアート作品はあまり取り上げていない。モナ・リザもそうだが、評価の定まったアートを、新鮮なまなざしで見るのはなかなかむずかしい。レオナルドやフェルメールの絵が美しくないとはいわないけれど、世界にちりばめられた美しさを見出すには、そうした芸術作品を見るのとは、ちがうまなざしも必要だからだ。

## アフリカの仮面の衝撃

コンゴ（旧ザイール）の首都キンシャサの市場で目にした彫刻や仮面の衝撃は忘れられない。アフリカの仮面はそれまでにも見たことはあったが、そこで見たコンゴやアンゴラの仮面には戦慄《せんりつ》をおぼえるほどの迫力があった。

大胆なデフォルメと、その形が生み出す異様な存在感。いったい、どのような想像力が、こうした造形を生み出すのだろう。なかでも、魅《み》せられたのはコンゴ南西部に暮らすペンデ族の仮面の一つだった（一一二ページ下図参照）。逆三角形を横に広げて、その左右の両端が耳になっている。人間なのか、動物なのかもわからない。そこにはどこか日本の「ゆるキャラ」にも通じるようなユーモアも感じられる。

アフリカの仮面や彫刻は、二〇世紀の初め、ヨーロッパによるアフリカの植民地支配の広がりとともに、ヨーロッパにもたらされた。それらはピカソやヴラマンク、マティスといった当時の芸術家たちを魅了し、キュビスムなどの西洋のモダン・アートに霊感を与えたともいわれている。アフリカの彫刻を見たピカソは「ミロのヴィーナスより美しい」と述べたといったような、まことしやかな話も伝えられている。

このようなエピソードは、それまで「未開」の産物とされていたアフリカの美術が、じつはヨーロッパの芸術に匹敵《ひってき》する高いレベルのものだったということを説明するために引用されることが多い。しかし、それは逆にいえば、ヨーロッパの芸術を尺度《しゃくど》として、アフリカの仮面や彫刻を判断しているわけであって、本当にアフリカの仮面や彫刻の固有の価値を認めているわけではない。たまたま、ピカソやマティスが目にした仮面の中に、彼らの価値観で判断できるものがあったということである。

ピカソらが目にしたアフリカの仮面の大半は西アフリカのものだった。また、彼らのコレクションのほとんどは木製の仮面や人の像であった。つまり、彼らが見ていたのは、アフリカ美術の中のごく一部でしかなかった。それをもって、アフリカ美術が西洋のアートに刺激を与えたというのは、誤解を招きやすいいい方である。

アフリカの彫刻には動物の像もあれば、布や樹皮《じゅひ》でつくった仮面もある。また、アフリカといっても、地域や民族のちがいによって、その美術様式は大きく異なる。ペンデのような大胆な造形が特徴的な中央アフリカの仮面と、繊細《せんさい》な西アフリカの仮面とでは様式が大きく異なるし、同じ西アフリカでも、幾何学的《きかがくてき》な表現が特徴のドゴンの彫刻と、写実的なベニンの彫刻ではまるでちがう。それらをひとくくりにアフリカ美術としてしまうのは、アフリカの造形のもっている豊かな多様性を無視することにもなりかねない。

ピカソの時代以来、西洋はアフリカの美術に「アフリカらしさ」を求めてきた。それは土着的《どちゃくてき》な素《そ》朴《ぼく》さであったり、伝統にのっとったプリミティヴな様式であったりする。しかし、実際には、そうした伝統様式のほかに、たとえば植民者である白人をモデルとしてつくられた彫刻などもあった。また、西洋美術の影響を受けて独自の表現をめざしている作品もある。しかし、それらは西洋のイメージする「アフリカらしさ」にそぐわないためか、あまり注目されない。

アフリカ人の側も、いまでは自分たちになにが求められているかを理解しているので、西洋の望む「アフリカらしさ」を装《よそお》った彫刻や仮面を商品として生産する者も多い。それは経済的な利益をもたらすかもしれないが、一方で現代アフリカ美術の発展を押しとどめ、いつまでたっても西洋の要求する素朴でプリミティヴなものをつくりつづけ、そればかりが注目されるという状況を、アフリカ人に課すことにもなりかねない。

## 道具としての仮面

はたしてアフリカの美術を、ヨーロッパ的な意味での美術と同じように語ることはできるのだろうか。ペンデの仮面を初めて見たときに感じたのは、その大胆な造形への衝撃だった。それは自分の慣《な》れ親《した》しんでいる美術品についてのイメージを超えるものだった。けれども、それは美しいというのとは、ややちがう。

アフリカの多くの伝統的社会では、「美しい」という言葉と「よい」という言葉がはっきりとは区別されていないという。美しいとは、善や徳や恩恵と関連していて、かならずしも見た目の視覚的な美しさを表わしているわけではない。だが、われわれがアフリカの仮面が美しいというとき、それは仮面の造形の美しさをさしている。

アフリカ人にとって、仮面や彫刻は、祭りや儀式などに用いる実用的な道具である。仮面は、それをかぶって祭りの中で踊り、その場にいた人たちにつよい感動を与えたときに、はじめて意味を持つ。そうした力を発揮《はっき》したときに美しさが表われるのである。たとえていえば、仮面は、いわば楽器のようなものかもしれない。演奏されていない楽器がいくら美しいといっても、それは本質的なことではない。その楽器が音楽を奏《かな》で、その音楽が聴衆《ちょうしゅう》に感動をもたらしたときに美しさが立ち現われる。アフリカの仮面も、そういうものなのではないか。

キンシャサの市場の商人に、これらの仮面は、どこから仕入れているのかと聞いた。商人は、田舎の村から買ってくるのだといった。これらの仮面は、一度祭りで使われて、もう用済《ようず》みになったものだという。仮面は一度使われると、もう力がなくなっているので、次の年は使わずに新しいのをつくるのだ。

仮面は西洋の美術品のように、作品として保存されるようなものではない。高温多湿の自然環境のもとでは、木製の仮面や彫刻はあっというまに虫に食われて、ぼろぼろに腐《くさ》ってしまう。すると、また新しいものをつくりなおす。仮面という作品に意味があるのではなく、くりかえしつくられる、そのパターンにこそ意味がある。

## ペンデの仮面の謎

市場で見た仮面の中には、不気味《ぶきみ》なものもあった。一つは、全身にびっしりと釘《くぎ》を打たれた人の立《りつ》像《ぞう》である。目は虚《うつ》ろに大きく見開かれ、見るからに邪悪《じゃあく》な意図《いと》でつくられたものだとわかる。実際それは日本でいう五寸釘《ごすんくぎ》を打たれたわら人形のような、人を呪《のろ》うための像だった。ただし、その釘の数が半端ではない。使用済みなので、呪われることはないと商人はいったが、手元に置きたいとは思わなかった。

もう一つ、気になったのは、左右が白黒に塗り分けられた仮面だ。白く塗られた側の鼻や口がひん曲がって、垂《た》れ下がっている。これはなにかと訊《たず》ねると、「そいつはペンデの仮面だ。病気なのでペ

| 白人をかたどった仮面<br>（西アフリカ） | ペンデ・マラードの仮面<br>（コンゴ） |
|---|---|

ペンデの仮面（コンゴ）

| | |
|---|---|
| セネフの仮面<br>（コートジボワール） | ソンゲの仮面<br>（コンゴ） |
| レガの仮面<br>（コンゴ） | チョクウェの仮面<br>（アンゴラ） |

ンデ・マラード（病気のペンデ）というんだ」とのこと（一一二ページ右上図参照）。同じペンデの仮面でも、先ほどのとはずいぶんずいぶんちがう。顔の歪《ゆが》みぐあいが、キュビスム時代のピカソの絵を思わせる。不気味ではあったが、なぜか気になったのでその仮面を買い求めた。

それから一〇年以上たったある日のことだった。朝起きると、顔に妙な違和感があり、顔の左半分がうまく動かない。鏡を見ると、顔の左半分の表情が失われ、別人のように見える。驚いて医者に行くと、顔面神経麻痺《がんめんしんけいまひ》だと診断された。顔を動かす筋肉に信号を送る神経が何らかの原因で麻痺して、顔の半分が動かなくなっているというのだ。

顔の半分が動かないのは不便だった。左目の瞬《まばた》きもできないので寝るときは目にセロテープを貼った。物もうまく噛《か》めないし、しゃべりにくいし、笑うときにも口の半分が動かないので、フォッフォッフォッという情けない笑いになる。鏡を見ると、まるで二人の別人の顔を真ん中で割って、くっつけたみたいに見える。

そのとき、ふとこの顔はどこかで見たことがある、と思った。はたと思いだし、押し入れの中から、かつてキンシャサで手に入れたペンデ・マラードの仮面を取りだした。鏡の中の自分の顔とそっくりだった。

翌日、病院に仮面の写真を持参して、担当医に見せた。「これって、顔面神経麻痺に似ていませんか」と聞くと、「ああ、そうですね。そっくりですね」と医者はいった。

おそらく、かつてペンデの人びとのなかに、顔面神経麻痺になって顔の半分が別人のようになってしまった人が出たのだろう。その左右の表情のあまりのちがいに、人は彼が悪霊《あくりょう》や精霊に取りつかれていると思って畏怖したのではないか。その顔をリアルな造形に仕立てあげた結果、生まれたのがこの仮面だったのではないかと、想像をめぐらせた。

あとで知ったことだが、この仮面はペンデの儀礼において、共同体における罪と罰を教えるために用いられるという。祖先をないがしろにするなど悪い行ないをした報《むく》い、あるいは黒魔術の結果として、顔が曲がってしまったという筋立てで、そのことを教訓として知らしめるために使われるのだ。

あらためて、壁にかけたペンデの仮面を見ると、かつては不気味だと思えたその顔に、なんとなく親近感が湧《わ》いた。この仮面が、どことなく困ったような情けない顔をしているのもよくわかる。モデルになったペンデの男も、きっと食事がしづらく、瞬きができずに苦労したのだろう。夜にはバナナの葉っぱかなにかで、まぶたを押さえて寝たのかもしれない。そして、みながハッハッハッと笑っているときに、彼はひとりフォッフォッフォッと笑っていたのだろう。

## インド民俗画の世界

インドでは、よく商店の壁などにヒンドゥー教の神々を描いた生々しい色の絵が貼られている。クリシュナやガネーシャ、ハヌマーンといった人気のある神様たちが活躍する場面を描いた大衆宗教画だ。インドに行ったことのある人なら、これらの絵を見るとインドの街のざわめきや、ねっとりとした香の匂《にお》いを思い出すかもしれない。

しかし、これらはじつはインドの伝統的な宗教画ではない。このような画風は、一九世紀の末に、キリスト教徒の家庭に飾られている聖母子《せいぼし》の絵などにヒントを得て考案されたものである。絵を描いたのも西洋絵画の技法を学んだ画家だったことから、人体表現も西洋画風である。あの派手《はで》な色彩と通俗性《つうぞくせい》こそが、伝統的な「インドらしさ」というわけではないのである。むしろインドの伝統的な民俗画は、大衆宗教画とくらべると、はるかに素朴である。その一つがミティラー画だ。

ミティラーとは、インド北東部のビハール州東北部の一地方であり、ここで伝承《でんしょう》されてきた壁画がミティラー画である。ミティラー画は、祭りや結婚のときに女性たちの手で家の壁に描かれる。モチーフとなっているのはヒンドゥー神話の神々や、太陽や月、花や鳥や動物といった自然などである。その表現はユーモアを感じさせる素朴なもので、印刷された大衆宗教画にくらべると、ずいぶん穏《おだ》やかに見える。けれども、ミティラー画こそは、インドの片田舎で、母から娘へと三千年にわたって伝えられてきた土着《どちゃく》の伝統なのである。

ミティラー画は本来、祈りをこめた壁画だった。儀礼や結婚式の際、バラモンや男たちの執《と》り行なう祭祀《さいし》とはべつに、無病息災《むびょうそくさい》や子宝を祈願して女たちは家の壁に絵を描く。重要なのは、祈りを込めて描くというその行為であり、描き終えた後の絵はその役割を終えている。したがって、消えてしまったとしてもかまわない。

しかし、一九三〇年代にこの地方を訪れたイギリスの行政官がミティラー画を「発見」して感銘《かんめい》したことがきっかけで、この壁絵の伝統の存在が外部に知られるようになった。

その後、一九六七年、干《かん》ばつに見舞われたビハール州の救済事業として、当時のインディラ・ガンジー首相が、それまで壁に描かれていたミティラー画を紙に描いて売るようにと奨励《しょうれい》した。紙に描か

インドの大衆宗教画に描かれたハヌマーン神

れたミティラー画は話題になり、アートとして商品化され、絵を描いた村の女性は「アーティスト」となり、以来、現在に至るまで、おびただしいミティラー画家が出ている。

このように、もともとはローカルな儀礼的装飾だったものが、アートという枠組みに組み込まれて商品化される例は、アジアでもアフリカでもたくさん見られる。それは時代の必然であり、避けられないのかもしれない。しかし、それによってミティラー画を見る目も変化した。

それまでミティラー画を描くのは祈りを表わすための行為であり、絵の巧拙《こうせつ》は問題ではなかった。だいじなのは、そこにどれほど深い祈りが込められているかだった。下手でも、敬虔《けいけん》な祈りを込めて描かれる、その行為に価値があった。しかし、商品化されたミティラー画では問題になるのは絵のうまさやセンスだ。どんなに深い祈りを込めて描かれたとしても、絵が下手だったら価値がない。生活に根ざしたローカルな工芸が、アートになるとはそういうことだ。どちらのほうが美しいかとは、一言ではいえない。

ミティラー画と同じく、インドの民俗画として知られるものにインド西部のマハーラシュトラ州に住む先住民族ワルリーによって描かれるワルリー画がある。ミティラー画同様、ワルリー画ももともとは結婚にあたって部屋の壁に描かれる壁画（チョウクとよばれる）に由来していた。赤土を塗った壁に、米をすりつぶしたペースト状の白い絵の具で描かれるその絵は、狩猟民《しゅりょうみん》の描いた岩壁画を思わせる。素朴で、繊細で、ほのぼのとした雰囲気《ふんいき》が特徴的である。

画面の中央に神の聖域を表わす四角い枠を描き、その内側に結婚をつかさどる神の姿を描き、外側

ミティラー画。ヒンドゥー教の太陽神スーリヤやゾウの姿をしたガネーシャ神が見られる。

に村の暮らしの様子などを描く。一枚の絵には、神話や民話の風景、村の日々や儀式の様子など、さまざまな場面が描かれ、眺めている者を飽《あ》きさせない。このワルリー画もミティラー画と同じように、政府の奨励《しょうれい》によって、一九七〇年代以降、布や紙に描かれるようになった。

また、インド中央部のマディヤ・プラデーシュ州周辺に暮らす先住民族ゴンド族も、民話や宗教、暮らしや動物などのモチーフを家の土壁に描いてきた。ワルリー画と同じく、近年は売り物用に紙に描かれるようになった。ゴンド画は、なにより、その鮮《あざ》やかな色彩と、ユーモラスな表現が目を引く。細かい点描《てんびょう》に似た技法や、動物の描き方などは、あとで取り上げるオーストラリアのアボリジニの絵を思い出させる。

インドの西ベンガル州やビハール州には、ストーリーのある縦長の絵巻物をもって、少数民族のサンタル人の家を巡《めぐ》り歩いて、絵解《えと》きをする「サンタル・ポトゥア」という絵師たちがいる。サンタル人は、ヒンドゥー文化の影響を受けつつ、独自の伝統を守っている人たちである。サンタル・ポトゥアは、絵巻物を広げながらサンタル人の神話やヒンドゥー神話、あるいは現代の社会にまつわる話などを、歌うように語る。

このように見てみると、「アフリカらしさ」というのが一つの見方でしかないように、大衆宗教画から感じられる「インドらしさ」もまた、インドの一側面でしかないことがわかる。実際、インドにはアーディヴァシー（「最初の住民」の意）とよばれる五百を超える先住民族が五千万人以上暮らしている。ヒンドゥー文化を取り入れつつも、それぞれの民族は、自分たちの独自の古い宗教や文化を守りながら、いまにいたっている。

布に描かれたワルリー画

彼らが生み出すインドのさまざまな民俗画は、互いに似ているようで似ておらず、似ていないようで似ている。いずれも、自然や生活に根ざした素朴さが感じられ、ゆるキャラに通じる親しみやすさがあり、しかも、技術はあるのに、けっこういいかげんだったりする。なにかを究《きわ》めるというのではなく、日々の暮らしを、より深く味わうために描かれたことが伝わってくるような、眺めているだけで楽しい気持ちになれる絵なのである。こういう絵を、西洋の枠組みであるアートという名では、あまり呼びたくない気もする。

## 川に流されるマンダラ

インド北部のチベット文化圏であるラダック地方の旧都レーにしばらく滞在したことがある。標高三五〇〇メートルを超えるこの町では、目を上げると空が宇宙の闇《やみ》につながっていそうなほど青く見えた。町の外に出ると、月世界のように荒涼《こうりょう》としたモノトーンの風景がどこまでもつづく。そんな風景の中を、ラマユル、ティクセ、アルチ、ヘミスといったラダックに点在する寺院を訪れてまわった。

荒涼たる風景の中から、寺院に足を踏み入れると、そこは外とは対照的な極彩色《ごくさいしょく》の世界だ。堂内の暗さに目が慣れてくると、寺院の壁を埋めつくすようにびっしりと描かれたチベット仏教の神々、おびただしいマンダラとその中に描かれた密教《みっきょう》仏たちが視界に飛びこんでくる。首の長い、ほっそりとした女性的な体つきの仏たち。そのなまめかしさが印象的だった。

しかし、壁を埋めるこのおびただしいマンダラを見るには、西洋の絵画を見るのとはちがう視点を

ゴンド画に描かれた神さま。ヒンドゥー以前の神々の一人だという。

要求される。どこに焦点《しょうてん》を当てて、どのように眺めればいいのか。どこが上で、どこが下なのか。前景と後景の関係もはっきりしない。眺めているのは、私なのか。それとも画面の中の仏なのか。

森雅秀氏によると、マンダラは一点から見るような西洋的遠近法で描かれてはいない。そこには、ピカソのキュビスム時代の絵のように、ひとつの画面にさまざまな視点から見た、あらゆる情報が盛り込まれているという。それは遠近法に慣れた目には違和感があるかもしれない。しかし、じつは遠近法のほうが、人類の表現の歴史においては特殊《とくしゅ》な形式である。アボリジニの岩壁画やインドの民俗画や日本の絵巻物などもそうであるように、異なる時間や場所で起きたことを一つの画面の中で表わすほうが、むしろ絵画表現の主流だった。

よく「マンダラは仏教の世界観を表わした美術」といわれる。しかし、これはわかったようで、わかりにくい説明だ。マンダラは、飾って鑑賞するという意味での美術品ではなく、仏教の儀礼と深く結びついている。

仏教の目的とは、ごくかんたんにいうなら、この世のあらゆる執着《しゅうちゃく》から自由になって、仏となることにある。そのために師について特別な修行《しゅぎょう》を行なうカリキュラムが密教とよばれるものだ。密教はインドで興《おこ》り、いまはチベットや日本に残っている。この密教の修行において、マンダラが重要な役割を果たす。

師は、修行がある程度進んだ弟子《でし》に、マンダラを見せる。それを見て弟子は自分が悟《さと》りを開いたときの光景を体験する。つまり、マンダラは仏教的世界の構造を視覚化したものというより、あらゆる執着から解《と》き放《はな》たれた仏となったときに、その目には、世界がこのように見えるのだということを表現しているといったほうがよい。客観的に外側から見た世界ではなく、修行の果てに見えてくる主観的な世界の表現なのである。

多くの宗教美術がそうであるように、マンダラもマンダラ自体に本来の価値があるわけではない。マンダラは象徴的な表現であり、より大切なのはその背後にある仏の世界である。それゆえ修行者は、目の前にあるマンダラを見ながら、そこに描かれた仏や伽藍《がらん》を、血の通ったリアルな存在としてイメージの中に作りあげていく。仏となった自分を中心として、そのまわりに諸仏を配し、仏の目で見られた宇宙をつくりあげていく。それは、前に述べた枯山水《かれさんすい》の鑑賞法にも通じる。

石と砂でできた庭を見ながら、そこに山々がそびえ海のうねる様《さま》を想像するように、修行者はマンダラを見ながら、宇宙の果てにまで広がる仏の世界を想像する。ただし、そうやって、仏の世界全体がイメージの中にまざまざと出現すると、こんどは逆に、そのマンダラをイメージの中で芥子粒《けしつぶ》のように小さくして、自分の体の中に収めて、消してしまう。どうして、そうするのかは、もう少し後で述べる。

マンダラの中でも、チベットの砂マンダラは、マンダラの本質をよく伝えている。日本でも、ときどきチベットの坊さんを呼んで砂マンダラをつくる催《もよお》しがある。数人の坊さんが、赤、青、黄色、緑などの色を付けた砂をつかって、床の上にマンダラを描いていく。坊さんたちは、あらかじめ描かれたマンダラの下絵の上に、円錐形《えんすいけい》の金属の筒に入れた砂をそっと注いで色を付けていく。それは集中力を必要とする繊細な作業である。マンダラの大きさにもよるが、完成するまでは数日から数週間かかる。その制作過程そのものが、坊さんたちにとって修行になる。

砂マンダラは、壁画に描かれているようなマンダラに比べると、はるかに単純化されている。仏の顔を砂で描くのは困難なので、その代わりに、色やシンボルで象徴的に仏たちを表わす。こうして完成した砂マンダラは、日本では記念に樹脂《じゅし》で固めて保存されることもあるが、本来はこわしてしまい、砂は川に流すことになっている。砂マンダラの制作は、最後にこわして川に流したところで、初めて完結する。

マンダラをつくるとは、仏によって見られたこの世の姿を出現させることである。しかし、仏教には「この世界の本質は無常であり、空《くう》である」とする考え方がある。瞑想《めいそう》によってつくりだしたマンダラを、小さくして体内に収めてしまうとの同じように、砂マンダラも儀礼が終わるとともに、「空」へと回帰させるのである。

## ガーナのおもしろ棺桶《かんおけ》

アフリカの美術というと、どうしても伝統的なものばかりがイメージされがちだ。現代のアフリカでもアートは盛んだが、西洋の手法や価値観を中途半端に取り入れたことで、かえってみずみずしい力が感じられなくなってしまったり、逆に西洋の期待する「アフリカらしさ」に媚《こ》びた商品になってしまったりと、なかなか方向性を見出せずにいる。むしろ、ほんとうの意味での「アフリカらしさ」というのは、西洋的な「芸術」というカテゴリーではなく、生活に根ざした工芸のほうに見られるのではないか。

チベットの砂マンダラ

西アフリカのガーナの町テシでつくられているユニークな装飾棺桶《かんおけ》もその一つだ。テシには、生前の職業にちなんだ意匠《いしょう》をこらした棺桶をつくる工房《こうぼう》があることで知られる。工房ではクライアントの希望に応じた棺桶を製作し、亡《な》くなると故人はそれに納《おさ》められて、あの世へと旅立つ。

だが、そのデザインが、かなりユニークである。生前、漁師だった人は、大きなサカナの形の棺桶を、カカオ農園を営《いとな》んでいた人はカカオの形の棺桶を、メルセデス・ベンツに乗っていた人はベンツ型の棺桶を、元パイロットは飛行機の形の棺桶を、酒に目がなかった人はビール瓶《びん》型の棺桶などを注文する。最近では、ナイキのスニーカーや携帯電話型の棺桶などの注文もあるという。棺桶は木製で、色もリアルに塗られている。まるで遊園地のアトラクションのように明るく、あっけらかんとしている。

でも、ほんとうに、こんな棺桶でいいのか。冗談ではないのか。葬儀《そうぎ》というものに厳粛《げんしゅく》なイメージがある日本人には、なかなか理解しがたい感覚かもしれないが、ガーナの人たちはそうでもないらしい。棺桶の値段は日本円で五万から八万円前後だというが、それはガーナの一人あたりの年収に匹敵《ひってき》する。それだけのお金を出しても、彼らは装飾棺桶に納められて葬《ほうむ》られるのを望んでいるのだとすれば、冗談とは思えない。これらの棺桶は、ガーナの人たちの美意識をたしかに刺激しているのだ。

装飾棺桶が登場したのは第二次大戦後まもなくだった。当時のテシの首長《しゅちょう》がカカオのさやの形をした輿《こし》を大工《だいく》に注文した。ところが、輿の完成前に、首長は亡くなり、しかたなく輿は棺桶代わりに使われた。この様子を見ていた大工のカネ・クウェイは、自分たちの祖母が亡くなったとき、その棺桶を飛行機の形にすることを思いついた。その評判がよかったことから、カネ・クウェイのもとには、

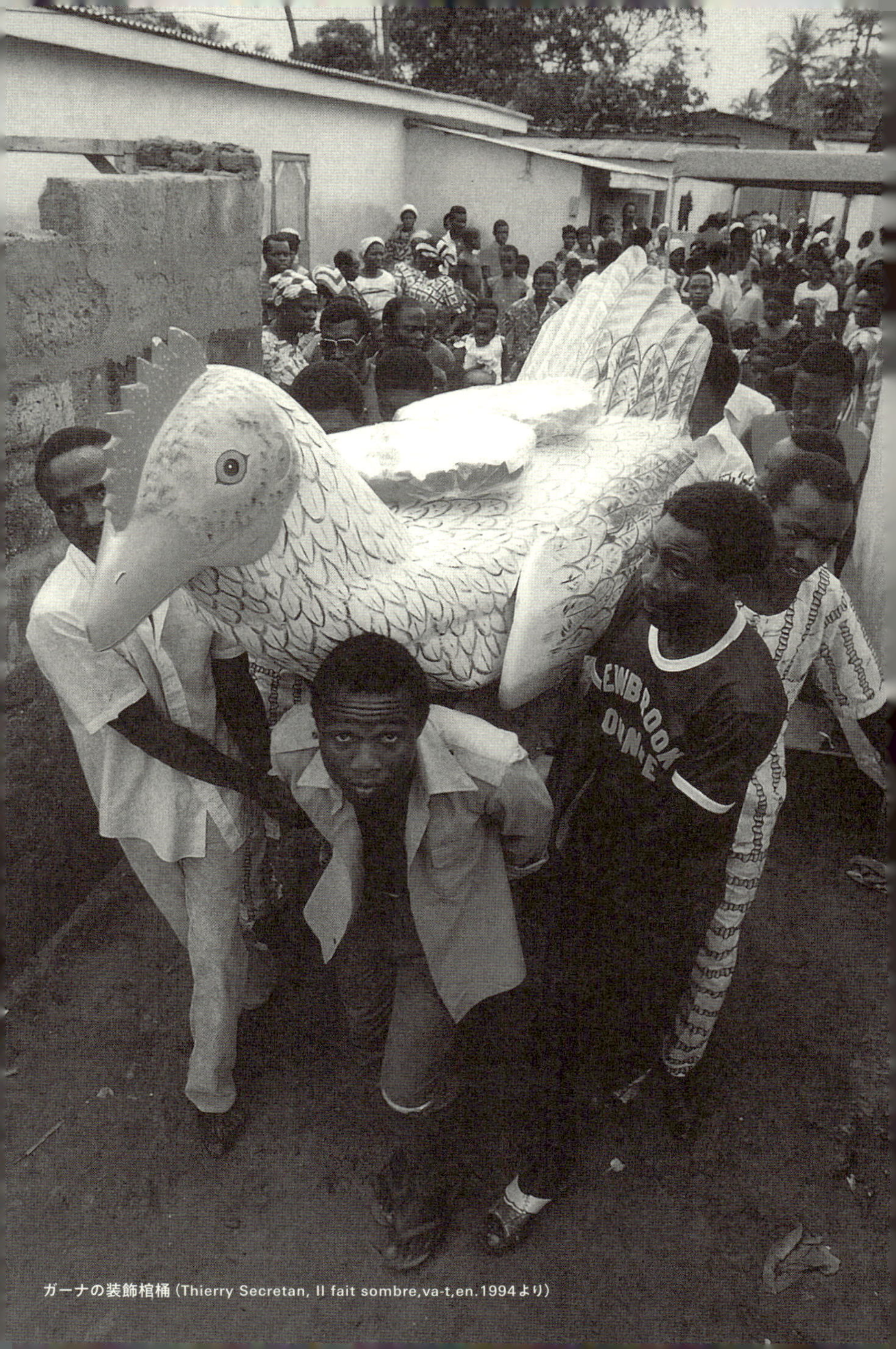

ガーナの装飾棺桶（Thierry Secretan, Il fait sombre,va-t,en.1994より）

さまざまな形の棺桶をつくってほしいという注文が来るようになった。カネ・クウェイは一九九二年に亡くなったが、その技を継《つ》いだ弟子たちによる工房が、現在もテシには五軒ある。

カネ・クウェイの棺桶が世界に知られるようになったのは、一九八九年にパリのポンピドー・センターで開催された「大地の魔術師展」がきっかけだった。この展覧会に招待されたカネ・クウェイはメルセデス・ベンツや野菜や魚など七点の棺桶を出品した。とくにベンツ型棺桶はパリの観衆から「西洋物質文明への批判」として受けとられ、高く評価されたという。一九九三年には、カネ・クウェイの棺桶は現代美術の国際展覧会として定評のあるヴェネツィア・ビエンナーレにも出品された。「大地の魔術師展」以来、それまで地元の人たちの葬儀用品だったテシの装飾棺桶を求めて、ヨーロッパやアメリカからも注文が来るようになった。以前は、博物館の展示品としての注文が多かったが、近年は個人のコレクションとしての注文も増えているそうである。なかにはガーナにはないフェラーリや子宮の形をした棺の注文もあり、そういう場合は写真や模型を参考にして製作するという。

ガーナの装飾棺桶の調査をしている川口幸也氏は、ヨーロッパからの注文が増えても、職人たちの意識の中では、自分たちは職人であって、アーティストではないと考えている者が多いという。アートやアーティストという概念は西洋文化特有のものである。アフリカの彫刻や仮面は儀礼に必要な実用品として意味があるのであり、装飾棺桶もまた葬儀にかかわる実用品である。それをアートと呼んだり、職人をアーティストと呼ぶことに、あまり意味があるとは思えない。

ベンツ型棺桶が「西洋物質文明への批判」だというのは、西洋的な文脈からの一方的な解釈にすぎない。職人もそんな意図《いと》を込めてベンツの棺桶をつくったわけではないだろう。装飾棺桶をアートと見なすとき、そこでは造形的な面白さばかりが注目され、実際に棺桶が葬儀の中でどのように使われ、どのような思いで、人びとがそれを感じるのかは不問《ふもん》に付《ふ》されかねない。むしろ、ガーナの装飾棺桶のほんとうの面白さは、われわれに、自分の人生を総決算するシンボルとは何かという問いを突きつけることではないか。あなたなら、どんなデザインの棺桶に入りたいと思うだろうか。

## ウシの色と模様がつくる宇宙

同じ風景も、見る人によって、ちがって見える。旅人の目には単調きわまりない風景にしか見えなくても、そこで暮らしている人たちにとっては、豊かな刺激に満ちた美しい世界だということもある。次に紹介するのは、文化人類学者の故・福井勝義氏がエチオピア南西部オモ川流域のサバンナに住むボディとよばれる牧畜民《ぼくちくみん》の調査から明らかにした事実である。それは文化人類学が到達しえた、もっとも美しい研究成果の一つといえるかもしれない。

ボディは、前にふれた牧畜民ムルシの暮らすエリアと隣り合った地域に暮らしている。彼らの暮らすエチオピア南西部は、アフリカの中でも、もっとも「未開」というイメージに近いかもしれない。少なくとも、福井氏が調査を始めた一九七〇年代当時は、ボディが用いる文明の道具といえば、鉄砲《てっぽう》と弾丸《だんがん》と剃刀《かみそり》の刃くらいしかなかった。

ボディは、家畜であるウシに依存して生きている。だが、それはたんにウシの乳や糞《ふん》を利用するというだけの関係ではない。ボディにとってウシは精神的な支えであり、世界の認識を可能にするモデルであり、生きがいといってもよい存在である。その結びつきの深さは、われわれの想像をはるかに超えている。

ボディの人たちは自分たちの飼《か》っているウシの色と模様を詳細に分類して、それぞれに呼び名をつけている。この色と模様のパターンが、ボディの文化の根幹《こんかん》をなしている。子どもが生まれると、ウシの色と模様にちなんだ名前がつけられる。その子は与えられた色と模様を自分のシンボルとして一生担《にな》っていく。両親はその色と模様についての歌を子どもにうたって聞かせ、やがて、その歌は、その子にとってのテーマソングとなり、生涯にわたって彼を支え、励《はげ》ますものになる。

こうして子どもは、つねに自分の色と模様を意識しながら成長する。身につける物も持ち物の好みも、自分の色と模様にまつわるものになる。そして、その到達点は、その色と模様をもったウシをもつことである。若者となって、念願かなってウシを手に入れると、親身《しんみ》になってそのウシを世話し、名前を呼び、そのウシのためにつくった詩を吟《ぎん》じてやる。彼とウシは一心同体となって生きる。自分の色と模様をもったウシを立派に育てることは、自分自身を育てることにほかならない。ウシは、自分の誇《ほこ》りの証《あかし》である。ウシが生きがいであるとは、そういうことである。

福井氏はボディの人びとの色彩認識を調べるために異なる色のついた九八枚のカードを彼らに見せて、その色名を訊《たず》ねる実験をした。すると、彼らは即座にそれらの色を分類し、それぞれの色名を口にしたという。ちなみに、われわれが同じ実験をしても、九八もの色を識別し、その色名を答えることはできないだろう。

この実験から、興味深いことがわかった。ボディの人びとはどんなに微妙な中間色でも正確に識別することができたものの、逆に、赤や黄色など原色の識別は苦手だったという。これは彼らが、自然界に存在する豊富な中間色から色の概念を学んでいるからではないかと福井氏は推測した。われわれは絵の具にあるような人工的な原色を基準として色を識別している。しかし、ボディにとって、そうした人工的な原色は目にしたことがないので、かえってわかりづらいというわけである。

また、ボディは幾何学模様《きかがくもよう》についても独自の分類体系をもっていることがわかった。われわれは、丸とか四角、三角といった基本的な図形の概念をもとに、さまざまな形を識別しているが、ボディの場合、形の分類のベースとなっているのは、ウシの体の模様のパターンである。つまり、色にしても図形にしても、彼らは、その識別の基準を自然界の中にもっているのである。先ほどの実験で、ボディの人びとが九八もの色を識別することができるのは、このためである。

近代的な美術教育を受けた者なら原色は容易に識別できるが、中間色のボキャブラリーはかぎられている。しかし、ボディの人びとは最初から、自然界に存在する無数の中間色を、そのまま認識している。同様に形についても、われわれが初等算数で習うようなシンプルな図形を基準として形を識別しているのに対して、ボディの人びとはウシの多様な模様をベースに、さまざまな形を見分けていたのである。

それは、どういうことか。つまり、同じ風景を目にしていても、ボディの人びとは、そこに、われわれとは比べものにならないくらい豊饒《ほうじょう》な色や形の世界を認識しているということである。しかも、それらの色や形にはすべて名前があり、その色や形を担《にな》っている人との結びつきが存在している。目に映っている風景から得られる情報の量と質が、まるでちがうのである。

もう一つ、興味深いことがある。ボディの人たちは、ある色と模様をしたウシが、どの模様と色のウシの組み合わせから生まれたかを十世代以上さかのぼって正確に把握《はあく》している。しかも、どのウシの組み合わせから、どのような色と模様ができるかをも予測できるという。経験的に修得された彼らの遺伝学の知識は、生物学的な遺伝学をしのぐほど正確だという。

文字を持たず、物質文明から隔絶《かくぜつ》された環境に生きているボディの人たちの暮らしは、外側から見れば、きわめて貧しげに映るかもしれない。そんなうわべだけを見て、彼らの生活が退屈だとか、逆に文明人が失った純粋さがあるなどと述べることが、ボディの色彩と模様の文化を知ったあとでは、いかに的外《まとはず》れであるかがわかる。ボディの人たちが誇り高く、堂々と生きられるとしたら、それは心の純粋さなどという曖昧なもののおかげではない。彼らが色と模様について、これほど研《と》ぎ澄《す》まされ、洗練された文化を築き上げ、連綿《れんめん》と伝えてきたからなのである。

## 洞窟壁画のメッセージ

人間はいつごろから絵を描くようになったのだろう。それによって、なにを表現しようとしたのだろう。これは魅力的だけれど、とてもむずかしい問いだ。

人間が初めて絵を描いたのは旧石器時代の洞窟《どうくつ》だといわれる。有名なのは、フランスのラスコー洞窟やスペインのアルタミラ洞窟で見つかった一万五千年ほど前の壁画である。いずれもウシやウマなどの動物をリアルな観察力で描いたみごとなものだ。

これらの壁画はいずれも洞窟の奥深く、光の届かないところに描かれている。描くためにも見るためにも、たいまつなどで火を焚《た》かなくてはならない。光のあるところに描かずに、そんな真っ暗な中に描いたのは、どうしてなのだろう。

洞窟壁画は狩猟のためのまじないとして描かれたという説もある。また、洞窟はシャーマンの儀礼の場であったともいわれている。しかし、いずれにしても一万年以上前の旧石器時代の人びとの精神世界を、現代人の感覚で推《お》しはかるのは困難だ。

一九九〇年代以降、フランスでショーヴェ洞窟やキュサック洞窟といったラスコーよりもはるかに古い三万年以上前の壁画が発見されている。ショーヴェ洞窟では二六〇もの動物画が確認されている。サイが角《つの》を突き合わせて戦う躍動感《やくどうかん》にあふれた絵や、明らかに人の手で置かれたとわかるクマの頭蓋《ずがい》骨《こつ》なども見つかっている。キュサック洞窟からは四メートルを超える巨大なウシの絵が見つかっている。

長い間、旧石器時代の芸術というのは、単純なものから複雑なものへと進化してきたと考えられてきた。しかし、ラスコーよりも一万五千年も前の人間が、ラスコーとそれほど変わらない表現力を示していたことを思うと、人間のイメージや表現力というのは、かならずしも単純から複雑へというプロセスをたどるわけではないようにも思う。また、安置《あんち》されたクマの頭蓋骨は、そこが宗教的な儀礼と関係していたことをうかがわせる。

その後、南アフリカのブロンボス洞窟から幾何学的な紋様《もんよう》の刻《きざ》まれた七万五千年前のものと思われるオーカー（赤鉄鋼《せきてっこう》）が見つかった。洞窟からは穴のあいたサイズのそろった巻き貝の貝殻《かいがら》も見つかっており、おそらく首飾りとして使われていたのではないかと考えられている。同じサイズの貝殻を集めて、それをこわさぬように穴を開けるという高度な美意識と技術がすでにあったことがわかる。これらは現時点で、人類の芸術的表現の最古の例といわれている。

洞窟絵画ではないが、北アフリカ、アルジェリア南部タッシリ・ナジェール地方に残っている一万年前から二千年ほど前にかけての岩壁画を見て歩いたことがある。そのとき気づいたのは、これらの壁画が描かれている場所が、注意深く選ばれているのではないか、ということだった。もちろん、サハラ砂漠が湿潤《しつじゅん》で緑が豊かだった当時と、砂漠化した現代とではいちがいにはくらべられないが、それでもそこには「聖なる」といってさしつかえのない独特な雰囲気があった。

では、その聖なる場所で、彼らはなにを表現したかったのだろう。洞窟壁画やタッシリ・ナジェールの壁画をよく見ると、そこには共通する要素がある。一つ目は、日頃、彼らが食糧にしていたはずのトナカイはあまり描かれず、ウシやウマやシカなどが多く描かれていること。これは、彼らが獲物をとらえるまじないとして絵を描いていたわけではないことを思わせる。二つ目は、動物と人間が合体した半人半獣の姿がしばしば描かれていること。ケンブリッジ大学のチッペンデル博士は、この半人半獣のイメージこそ古代芸術の普遍的《ふへんてき》テーマだったと述べている。三つ目は、植物が描かれていないこと。当時も、いまと同様、花が咲いたり、植物の実を食べたりしていたはずだ。しかし、壁画に花や実が描かれた例は見られない。旧石器時代の人たちは、おそらく花には関心がなく、花を見て美しいと思うこともなかったのかもしれない。花が絵画のモチーフに登場するのは古代エジプト時代以

上・南アフリカのブロンボス洞窟で発見された、7万5千年前の赤鉄鋼のかたまり。
下・1万5千年前、ラスコー洞窟に描かれた野生のウシの絵

降である。

旧石器時代のホモ・サピエンスにとって、洞窟は宗教的な意味をもった聖なる空間であったのだろう。洞窟は大地の子宮《しきゅう》であり、大地母神《だいちぼしん》の信仰にもつながる。では、そこではなにが行なわれていたのか。壁画に見られる半人半獣の生きものは、おそらくシャーマンであったといわれる。彼らは獣《けもの》や鳥の仮面をかぶって、ここでなんらかの儀礼を行なっていたのではないか。洞窟は音の反響《はんきょう》が独特な場所である。そこでシャーマンが歌をうたったり、楽器を奏《かな》でていた可能性もある。実際、その可能性をたしかめるために、音楽家の土取利行《つちとりとしゆき》氏は、南フランスのレ・トロア・フレール洞窟やクーニャック洞窟の中で、洞窟内の鍾乳石《しょうにゅうせき》や石筍《せきじゅん》を指や木でたたいて演奏するという試《こころ》みを行なっている。闇の中で炎に揺れる壁の動物の姿、洞内にこだまする音楽、そして半人半獣の姿をしたシャーマンによる儀礼、それはその場にいあわせた人たちにとっては魂の震えるような圧倒的な体験だったはずである。

このような旧石器時代の洞窟絵画の謎により深くせまるうえで、大きな手がかりを与えてくれるものがある。それは南部アフリカのカラハリ砂漠に暮らす狩猟採集民《しゅりょうさいしゅうみん》であるブッシュマンが残した岩壁画である。

## ブッシュマン絵画を解読する

アフリカ最古の民といわれるブッシュマンは、動物を狩り、植物を集め、家畜をもたず、土地を耕《たがや》さず、獲物《えもの》を追って移動をくりかえすという生活を何万年もの間、送ってきた。彼らは移動をくりかえしながら、岩山や洞窟に絵の具を使って絵を描いてきた。ブッシュマンの絵の伝統は一九世紀に途《と》絶《だ》えてしまったが、残された壁画は、南部アフリカの三千カ所以上で見つかっている。その多くは、ブッシュマンにとって聖地とされる特別な雰囲気をもった場所である。その中には、ボツワナのツォディロ・ヒルズや、南アフリカのドラケンスバーグなど世界遺産に指定されたところもある。

狩猟採集の暮らしをしていた旧石器時代の人たちの精神世界を知るうえで、同じ狩猟採集の生活を古代から現在までつづけているブッシュマンの壁画は多くのヒントを与えてくれる。ブッシュマンの壁画と旧石器時代の洞窟絵画の間には多くの共通点が見られるからである。ブッシュマンの壁画も、その主要なモチーフは動物であり、そこにしばしば半人半獣のイメージが見られる。デヴィッド・ルイス・ウィリアムズとトーマス・ドーソンは、ブッシュマンがいまも行なっているシャーマンによる治療儀礼をとおして、彼らの祖先が残した絵画の意味を解釈するという研究を行なっている。

ブッシュマンの治療儀礼は、女たちが病人をかこんで輪になって手拍子《てびょうし》をうち、そのまわりをシャーマンが単調なステップで踊ることから始まる。踊りつづけるうちに、シャーマンは日常的な意識のありかたとは異なる変性意識状態（トランス状態）に入る。このときブッシュマンのシャーマンはふだん目に見えない精霊や神々のヴィジョンを体験する。やがて神々の世界からやってくる「力」がシャーマンの腹の中に満ちてくる。それは熱く沸騰《ふっとう》し、ねじられるような強烈な痛みをともないながら背骨をとおって上昇し、脳天から吹き出す。シャーマンは、この沸騰した「力」をコントロールしながら患者の額《ひたい》や背中をこすり、病気を追い払う。

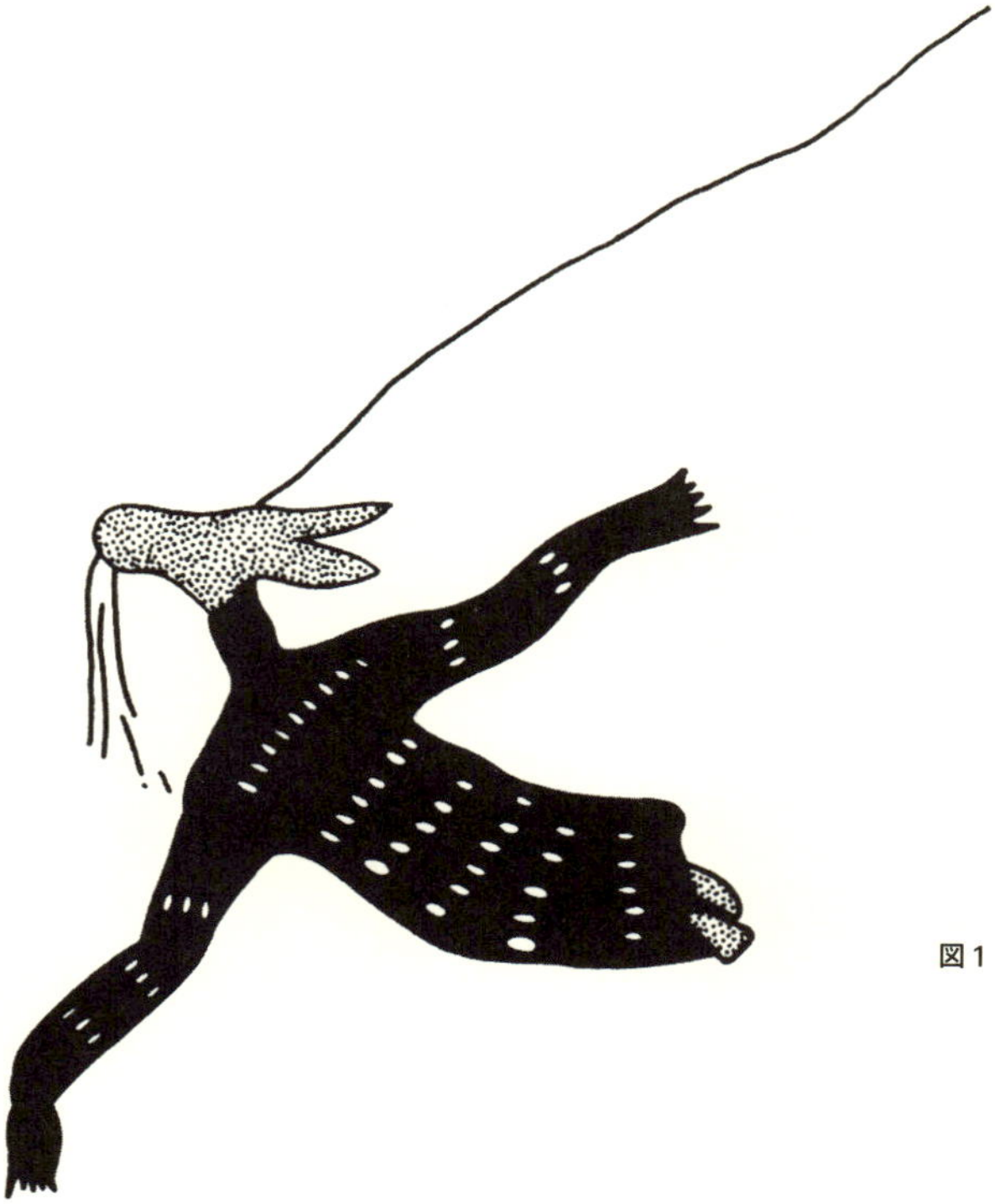

図1

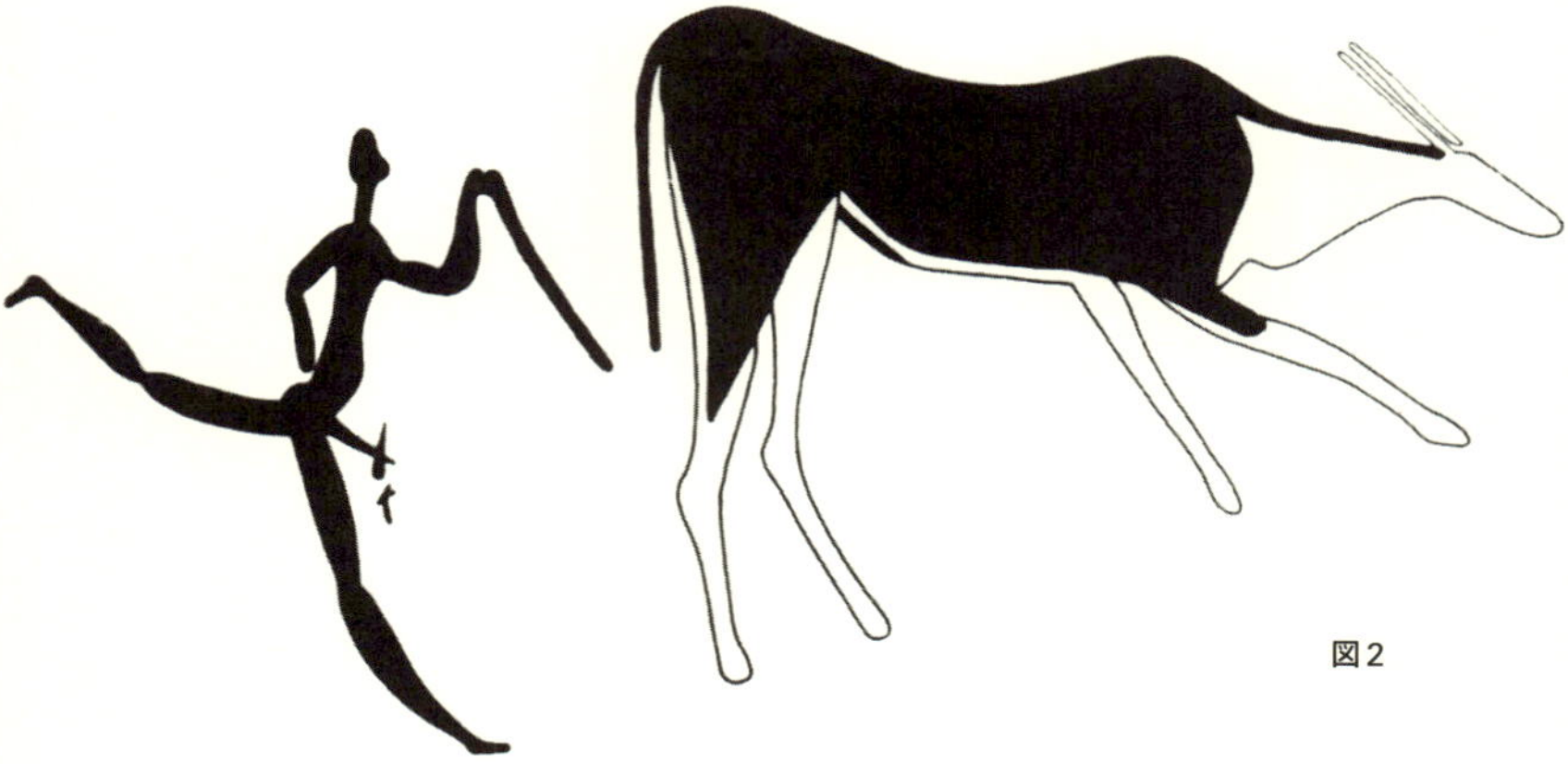

図2

ルイス・ウィリアムズとドーソンによると、ブッシュマンの壁画の多くは、彼らが変性意識状態にあるときの身体感覚や、そのときに認識された世界のあり方を表現しているのではないかという。いくつか例をあげよう。

前のページの図1は、変性意識状態にあるシャーマンの身体感覚を表わしたもの。ここでシャーマンの頭のうえにのびる長い糸のようなものは、背骨を上昇して頭から飛びだす「力」の流れを表わしている。また、頭部がエランド（オオカモシカ）になっているのはシャーマンがエランドの意識のなかに入りこんだことを表わしている。エランドは、ブッシュマンにとって動物のなかでもっとも強い「力」をもつとされ、絵画にとりあげられる頻度《ひんど》もいちばん高い。変性意識状態にあるシャーマンはエランドの目をとおして世界を見る。このとき彼の体もまたエランドに変身すると考えられている。

ブッシュマンは、動物や人間の意識を流動的なものととらえ、その意識のありかたにしたがって身体の形が決まると考えている。あるシャーマンによれば、ふつうのエランドと、シャーマンが変身したエランドの見分けはつかないという。図1でエランドの鼻先から吹きだしているのは鼻血であり、からだの表面の白い斑点《はんてん》は、充満する「力」を表わす。

図2は、狩人に追われて死にかけているエランドである。狩人のペニスに短い杭《くい》がささっているのは彼がシャーマンであることを表わしている。エランドは死ぬ前にふだんよりはるかに強い力を発揮《はっき》する。シャーマンはそのエランドの死の意識のなかに入りこみ、その強い「力」を狩って、エランドに変身するという。

このような解釈がほんとうに正しいかどうかは、絵を描くブッシュマンがいなくなったいまではわからない。けれども、数万年にわたり狩猟採集の暮らしをつづけてきたブッシュマンが、自然と密接な関係を築《きず》き上げ、動物と人間の意識を自由に往来《おうらい》するような技術を育《はぐく》んできたとしても不思議はない。それは同じく旧石器時代に生きた狩猟採集民たちにもいえることだ。

人類は二〇〇万年以上前から地上に存在してきたし、現生人類であるホモ・サピエンスには二〇万年におよぶ歴史があるといわれる。しかし、現在のわれわれの文明のベースは、農耕《のうこう》の発明以降、つまり過去およそ一万年の間につくられたものである。だが、かつて地上のすべての民族は狩猟採集民だった。百数十万年におよぶ狩猟採集の生活の中で育んできた経験や知恵や感性もまた人類にとってかけがえのない精神文化なのではないか。ブッシュマンの絵画や、旧石器時代の洞窟絵画は、そのことに思いを至らせてくれる。

## アボリジニの地図

アボリジニはオーストラリアのもっとも古い民族だ。ブッシュマンと同じく彼らも数万年の長きにわたって狩猟採集の生活を送ってきた人たちだ。そのアボリジニの描いた絵を初めて見たとき、ふしぎな眩暈《めまい》にとらわれた。無数のドットと、揺《ゆ》らぎをもった同心円や曲線からなる神秘的な絵。どこにも焦点《しょうてん》がなく、遠近感もない。でも、けっして平面的ではない。見つめていると、奥行きや立体感が

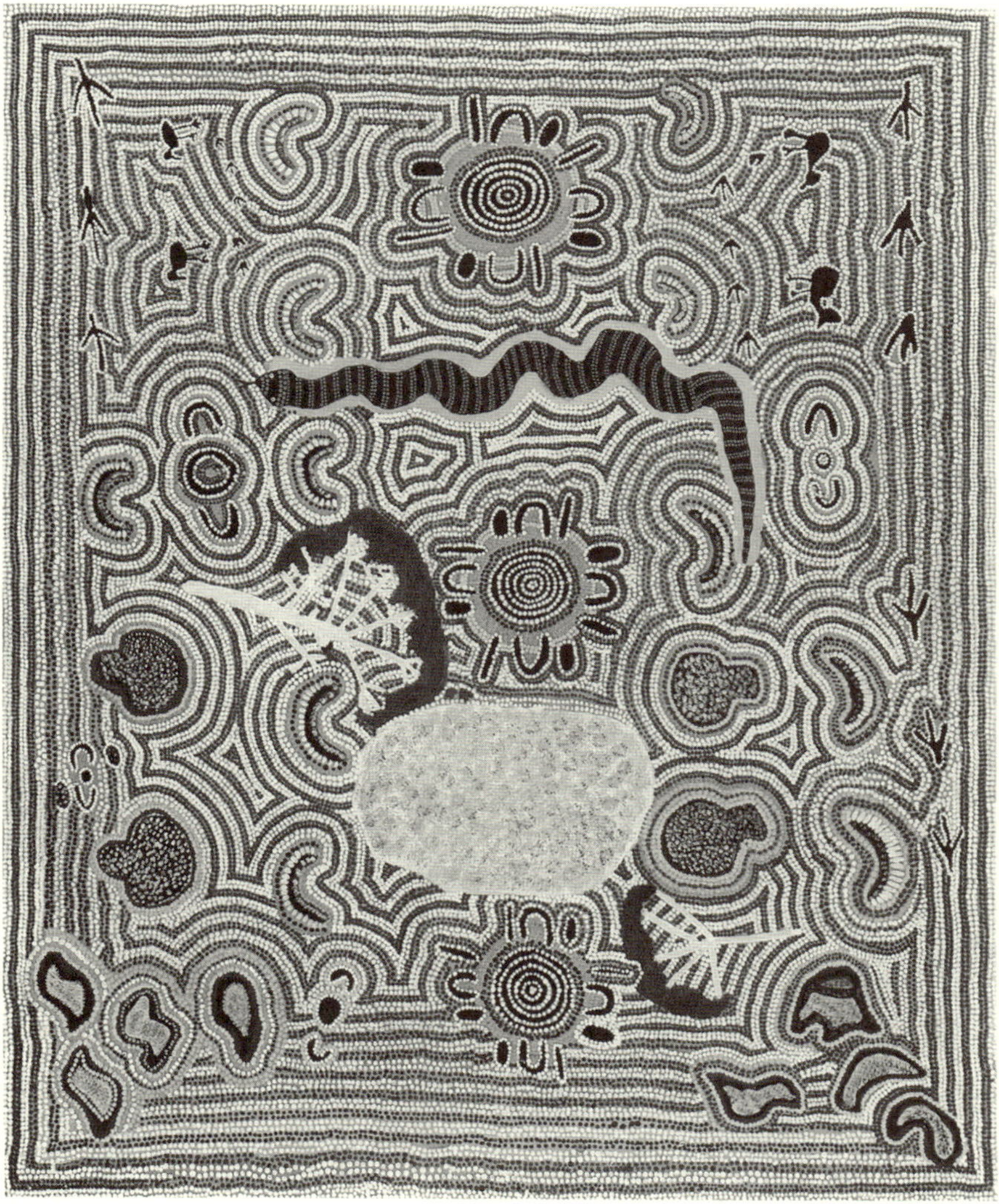

アボリジニの現代絵画。アンマナリ・ナパナンカとマントゥア・ナパナンガ姉妹による「ムルプのドリーミング、ルプルにて」（1995年）。父の故地ルプルの３つのキャンプでの儀式が描かれている。(『アボリジニ現代美術展［精霊たちのふるさと］』より)

画面の中から浮き出してくる。

その絵は現代のアボリジニの手になるものだった。予備知識がなければモダン・アートに見えるかもしれない。だが、それは抽象的なイメージではなく、アボリジニにとっての伝統的な「地図」を表わしているという。しかし、それは一般的な地図とはかなりちがって見える。

われわれの知る地図とは、本来三次元である山や川などの地形を計測し、方位を合わせて、二次元空間に投影《とうえい》したものだ。それはだれにとっても同じ情報を示すものになる。しかし、アボリジニの地図はちがう。そこには、アボリジニの土地が、彼らにとって、どのような意味を持っているのかが示されているのである。

その意味を理解するにはアボリジニがもっとも大切にしているドリームタイムという考え方を知る必要がある。

アボリジニの神話によると、この世界は原初のドリームタイムとよばれる時代に祖先《そせん》たちの夢によって創造された。人間も、太陽や星も、谷も砂漠も、カンガルーやトカゲも、草木なども同時に生み出された。それらは互いに自由に姿を変えることができた。トカゲが語り、魚が陸を歩き、人がカンガルーのように飛び跳ねた。そのような不思議な生きものがオーストラリアの大地を旅していたのがドリームタイムの世界である。

アボリジニは、この原初のドリームタイムの記憶が、大地のすみずみに刻《きざ》まれていると考えている。ヘビの通った跡は川となり、祖先が死んだ場所は丘になり、血のたまったところは湖になった。大雨の後、二人の少年が泥でつくった山は聖地エアーズ・ロックとなった。アボリジニたちは食べ物を探してオーストラリア大陸を旅しながら、そうした土地の由来を、代々、子どもたちに語り継《つ》いできた。アボリジニにとって、ドリームタイムは過去の終わった出来事ではない。それは世界の始まりに起きたことであると同時に現在も進行中であり、さらに未来永劫《えいごう》につながっていくものとされている。ドリーム（夢）というより、別の次元に属する、もう一つの「現実」と考えたほうがわかりやすい。

つまり、アボリジニにとって現実世界とドリームタイムは大地を結び目として重なり合っている。アボリジニはこの二つの時間空間を同時に生きている。こちら側の世界では祖先は亡くなっているが、ドリームタイムの世界では祖先はいまも生きて旅をし、世界を創造しつづけている。そこでアボリジニは祖先の移動した跡をたどって旅をして、ドリームタイムの記憶を体の中に甦《よみがえ》らせる。アボリジニの絵は、その旅のための地図なのである。

しかし、地図だといっても、それをどう読み解けばよいのだろう。そこには上下左右もなく、道筋らしきものが描かれていても、地理的に正確というわけではない。具体的な動物の姿が描かれたものもあるが、無数のドットとヘビのような曲線、それに同心円《どうしんえん》やらせん模様だけで構成されたものも少なくない。オーストラリア中央部のアボリジニが神聖視している道具にチュリンガとよばれるものがある。これは細長く平たい石や木の表面にドットや渦《うず》巻《ま》きや同心円を彫り込んだもので、同じくドリームタイムの地図として用いられるという。しかし、抽象的な図案にしか見えない、これらの絵や道具を地図として、彼らはほんとうに砂漠を旅することができるのだろうか。

彼らは長老《ちょうろう》の教えにしたがって、このシンプルな記号のような図柄の中にドリームタイムのあらゆるイベントを読みとる術《すべ》を身につけていくという。それがどのような解読法なのかは儀礼などを行なった者以外には明かされない。チュリンガにいたっては、アボリジニ以外の者は目にすることも許されないという。

驚かされるのは、きわめて複雑なドリームタイムのできごとが、らせんやドット、曲線の束《たば》といったシンプルな幾何学的表現によって表現され、それが何千年も伝えられてきたという事実である。一澤あや氏は、「案外《あんがい》どの宗教も必要最小限のところまでつきつめれば、チュリンガのような、記号のごとき造形になってしまうのではないか」と述べているが、らせんやドットという表現は、人間にとって究極まで切りつめた、もっとも普遍的な表現なのかもしれない。

アボリジニの絵は、この世界にドリームタイムという層を重ね合わせるための地図である。しかし、退屈な荒れ地にしか見えない砂漠を、ドリームタイムの記憶が刻まれた、意味に満たされた空間として感じるためには、ただ地図を手にするだけでは十分ではない。砂漠を何日も旅し、祖先の水場で水を飲み、祖先が火をおこした場所でたき火をしながら、長老の話を聞く。そうした体験を経ることによって、初めてドットやらせんや同心円が意味を打ち明けてくれるのである。

## 美のアウトサイダー

たまたま知り合ったある男性が見せてくれた絵に度肝《どぎも》を抜かれたことがある。それは一見して不気《ぶき》味《み》な絵だった。スケッチブックを埋めていたのは甲殻類《こうかくるい》や軟体動物《なんたいどうぶつ》、不思議な形をした想像上の生きものや太古《たいこ》の木々などだった。そのあらゆるディテールが鉛筆で神経質なタッチで刻みこむように細かく描きこまれていた。
二〇代半ばのその男性は、これまで絵など描いたことがなかったといった。これは何の絵なのか。男性によると、会社員だった彼は、あるときから、毎夜、悪夢を見るようになったという。悪夢の中で彼は八つ裂きにされたり、串刺しにされたりして、くりかえし殺されるのだった。夢がリアルなあまり、彼にとって眠りは休養になるどころか、朝、目が覚《さ》めると心身ともにぐったり疲れていた。精神科で薬ももらったが、薬を飲むと、かえってひどい悪夢を見る。昼間は夢の疲れで朦朧《もうろう》としていて、眠りにつくと覚醒時《かくせいじ》よりリアルな悪夢に襲《おそ》われる。そんな毎日が一年以上つづき、彼は仕事をやめた。

男性はさまざまな精神療法を試《ため》した。そのうちに悪夢に変化が起きた。それまでは夢の中では殺されるだけだったのが、逃げられるようになったというのである。その頃突然、絵を描きたいという衝動に襲われ、心の中に湧《わ》き上がってくるイメージをスケッチブックに夢中になって描いた。青年は吐き出すように何十枚もの絵を描きつづけた。ぼくが見せてもらったのは、そんな絵の一枚だった。

そこには遠近法もなければ構図もない。しかし、そこには見る者を圧倒する、つきぬけるような強烈なインパクトがあった。男性は作品を描こうとしたわけではなく、内から突き上げてくるイメージをひたすら吐き出しつづけただけだった。それは彼の精神疾患《しっかん》から生み出された恐怖の表現なのかもしれなかったが、彼にとってはどうでもいいことだった。たしかなのは、それを描くことによって彼が精神のバランスを徐々に回復していったこと、そして、ぼくの目から見たその絵には、既成のアートや美術作品にはない鬼気《きき》迫る切実さがあり、人間精神の神秘をのぞきこむようなリアリティがあったことだ。

この男性のように、正規の美術教育を受けていないのに、やむにやまれぬ衝動にかきたてられて独自の方法で表現された作品は「アウトサイダー・アート」とよばれる。精神に疾患を抱えた人や、宗教的なヴィジョンにとりつかれた幻視者らが、その担《にな》い手であることも多い。アウトサイダー・アートという言葉の元《もと》となった「アール・ブリュット」（生《せい》の芸術）という概念を唱《とな》えたフランスの画家デュビュッフェは、それを「芸術的教養に毒されていない人びとがつくった作品」と定義している。そこには絵画や彫刻だけではなく、文学や映像や建築や庭園など、さまざまなものが含まれる。

アウトサイダー・アートといういい方はそれ自体矛盾《むじゅん》をはらんでいる。そこには西洋美術の枠をインサイドとして、その外側にあるものをアウトサイドとよぶという前提がある。つまり、アウトサイダー・アートという名称は、裏返しの西洋中心主義にもとづいているといえなくもない。だが、ここでは西洋美術の枠組みに収まりきらない創作活動をアートとして扱うことを可能にするための便宜的《べんぎてき》なカテゴリーと考えよう。アウトサイダー・アートとよばれる作品をつくっている人たちの多くは、自分たちがアートをつくっていることすら意識していない。先ほどの男性もそうだが、彼らは自分の中からつきあげてくる衝動を形にしないことには、生きられない人たちである。その「作品」は他者に見せることを意図して制作されたものではない。

フランスの郵便配達人フェルディナン・シュヴァルが三三年かけて独力でつくりあげた「理想宮」も、その意味ではアウトサイダー・アートの一例だ。一八三六年生まれのシュヴァルはフランス南東部の小村で郵便配達の仕事を、淡々《たんたん》とこなしていた平凡な男性だった。ところが、一八七九年のある日、彼の人生に転機《てんき》が訪《おとず》れた。

その日、四三歳のシュヴァルは歩いていて、石に蹴《け》つまずいて転びそうになった。その石が奇妙な形をしていたので彼はそれを拾い上げて家に持ち帰った。翌日、同じ場所に行くと、もっと美しい石が見つかった。彼はそれから形の面白い石を集めはじめる。やがて、シュヴァルの脳裏《のうり》に、これらの石をつかっておとぎ話に出てくるような宮殿をつくってみようというアイディアが天啓《てんけい》のように浮かんだ。ふだん、異国情緒《いこくじょうちょ》に満ちた建物を空想するのが好きだったシュヴァルだったが、石につまずいたことがきっかけで、彼はそれを本当に実現しようと心に決めたのだった。

それからシュヴァルのささやかな冒険が始まった。仕事の合間に、変わった形の石を拾い集めては、夜、セメントをつかって、それらの石をこつこつと積みあげていった。建築や石工の知識もないのにたった一人で、もくもくと作業をつづけた。そして三三年後、七七歳のときについに「理想宮」は完成する。それはインドやアジアの古代神殿を思わせる奇怪な建物で、空想的な動植物や怪物、神話風の人物像などがまわりを飾っていた。洞窟やモスクや回廊《かいろう》、エジプト風の墓、中世の城など、エキゾチックな異国幻想のすべてが、この幅二六メートル、奥行き一四メートル、高さ一〇メートルにおよぶ宮殿に凝縮《ぎょうしゅく》されていた。

「理想宮」は、完成後、新聞にも取り上げられ有名になった。シュヴァルの死後も、フランス内外から多くの人が訪れ、一九六九年にはフランスの重要建造物に指定され、その後大改修が行なわれて今日にいたっている。一人の郵便配達夫が石に蹴《け》つまずいたことから生まれた夢の宮殿である。

シュヴァルの理想宮

column

# 祭りのはじまる「時」

インドネシアのバリ島で、突発的な集団トランス現象が起こることで知られる、ある寺院の祭りを見に行ったことがある。

昼下がり、すでに境内《けいだい》は参拝者でいっぱいだった。ガムラン（インドネシアの伝統楽器）の硬質な響きと、拡声器をとおした歪《ゆが》んだ読経《どきょう》の声が、香の匂《にお》いに満ちた境内の空気を揺さぶる。正装したバリ人が、供《そな》え物を掲《かか》げ、境内につづく階段を途切れることなく下りてくる。境内に安置された聖獣バロンの胴体は無数の小さな鏡で飾られ、日の光を反射してまぶしくきらめいている。

案内してくれたバリ在住のNさんは、バリのアートにくわしく、ときおり日本から来る取材のコーディネートなどをしている。いっしょにいたSさんは、長年、バリでレゴンと呼ばれる伝統的なダンスを習っている。

参拝者がつぎつぎと階段を下りてくるのを眺めながら、Sさんにたずねた。

「バリの踊りでは指をこまかく震《ふる》わせますね。あれはなにか意味があるんですか？」

「さあ、わたしの習っている先生は、こういうふうにしなさいと教えてくれるだけで、意味についてなにかいうことはないですね。訊《き》いても知らないんじゃないかしら」

それをついでNさんがいう。

「レゴン・ダンスの背景にはひじょうに複雑な物語があるんだけれど、踊りそのもののなかに、物語をイメージさせる具体的な仕草があるかというと、ほとんどないんです。踊りの動きが物語にかならずしも対応しているわけではない。一部、手紙を読む仕草とかはあるけれど、全体としてはとても抽象的です。意味があるとすれば、それが美しいからというしかない。観念的な現代舞踏《ぶとう》などとは、発想がまったくちがうんです」

「へえ、そうなんですか」

「ときどき日本からの取材を受けて、コーディネートや通訳をしたりするけれど、いちばん悩むのがそこなんです。日本から来た記者は、儀礼を見ると、これはどんな意味があるのか、とすぐ聞きたがる。けれども、ここの人たち自身、意味がわかってやっているわけではない。でも、記者は解答がほしいものだから、しつこくたずねる。すると、村の老人が、それはかくかくしかじかじゃないかと答える。けれども、その解釈だって、その場の思いつきである可能性のほうが高い（笑）。でも、日本では、その言葉が、ひとり歩きしてしまう」

Nさんはつづける。「結局、言葉にしてしまうと、そこでちがったものになる。バリ人たちは、本質的なものを言葉でつかんでいるわけではない。踊りは踊りという形式でしか表現できないから踊りなんです。すべてが言葉に還元可能な意味をはらんだものとしてあるわけではなく、その場その場で、意味が生成される。それがバリの特徴なんです」

そんな話をしながら、祭りの始まるのを待った。Nさんは、以前にもこの寺院の祭礼を見たことがあるそうだが、こうして境内に人がいっぱいになると、突如《とつじょ》として同時多発的にトランスに入る人が続出するのだという。「だけど、いったい、なにがきっかけで、大勢の人が同時にトランスに入るのか、それがわからない」とNさんはいう。

Nさんの話を聞いて思いだしたことがある。フランシス・コッポラ監督の『地獄の黙示《もくし》録《ろく》』のメイキング・フィルムで紹介されていた話だ。『地獄の黙示録』はベトナム戦争を舞台とした映画だが、実際の撮影はフィリピンのルソン島のジャングルで行なわれた。

ロケ中、スケジュールが、映画に出演する原住民たちの祭りに重なり、撮影を中断しなくてはならなくなった。監督夫人のエレノアは原住民に、いつ祭りが始まるのかと訊《き》く。原住民は「それはわからない、祭りの時はむこうからやってくるのだから」とこたえる。

エレノアは意味がわからなかった。「祭りの時がやってくる」とはどういうことか？

撮影はやむなく中断するが、祭りは始まる様子がない。数日たって、撮影隊がいらだちはじめたころだった。ある夜、エレノアは「潮の満ちるような感覚が、密林の原住民のあいだに広がっていく」のを感じたという。そして、その晩遅く、何の前触《まえぶ》れもなく、祭りはいきなり始まったという。

この寺院の境内でも、目に見えず、耳にも聞こえないが、徐々に確実に満ちてくる濃密な気配《けはい》があった。その気配が臨界点《りんかいてん》に達したとき、集団トランスが起こるのだろう。

とはいえ、それまでなんどかバリの祭りでトランス現象を見てきたが、おおむね予定調和的で、シナリオのある芝居に思えてならなかった。トランスに入るのは、いつもたいてい同じ人物だ。集団トランスといっても、全員参加型の演劇のようなものなのではないか。人間がそんなにかんたんにトランスに入るものだろうかと疑わしかった。

そんなことをNさんと話していたときだった。先ほどからガムランの音がちょっと妙に聞こえていた。その澄んだ金属的な音が自分の内側から響いてくるように聞こえる。音との距離感がつかめない。おかしいなと思って顔を上げると、風にたなびく黄や白の布の色が、まるで液体の揺らめきのように生々しく感じられ、バロンの胴体を飾る鏡のちらつきを見ているだけで胸がどきどきしてくる。ガムランの響きと光のきらめきと色彩がシンクロして、ひとつの流動的な実体として知覚に入ってくる。

それは美しいとか、うっとりするというのともちがう。音や光が、ふだんとはくらべものにならないくらい、ダイレクトに感情に突き刺さってくる。音、光、匂《にお》いなどの感覚刺激が絶妙に組み合わされると、自己意識を成り立たせている結び目とは、こんなにかんたんにほどけてゆくものなのか。そう思う間にも、ざわざわした感覚が背中から後頭部にかけて生き物のように這《は》いあがってくる。

これはまずい。このままでは本当にトランス状態に入ってしまうかもしれない。しかし、物見遊山《ものみゆさん》の外国人の自分が、バリ人より先にトランスに入ったら恥ずかしい。目を閉じて、なんども深呼吸をくりかえし、ミネラルウォーターのボトルを開けて水を飲む。それを、しばらくつづけているうちに、肩や後頭部のむずむずした感じがしだいに遠のいていく。「お帰りになった」という感覚だ。音の距離感が元に戻り、ガムランの響きも境内の奥へと戻っていった。ほっとした。

それと入れ代わるように、境内に満ちてきた「祭りの時」は臨界点に近づきつつあった。人びとは、みな腰を下ろして、その「時」がくるのを待っていた。ふと、静寂《せいじゃく》がおとずれ、空気が凝集《ぎょうしゅう》するような気配がしたかと思うと、祭壇前のバロンの後ろ脚《あし》役の人がふらついた。その直後、ぼくの少し前にいたバリ人が悲鳴を上げた。そのとたん、弾《はじ》かれたようにあちこちで人びとが立ち上がり、トランスの波が一気に群衆をのみ込んだ。

どおっと歓声が上がり、境内の空気が揺さぶられる。なるほどエレノアが聞いた「祭りの時」とは、このようなものなのかもしれない。それは「むこうからやってくる」ものであって、人間がコントロールできるものではないのだ。

アフリカの村でなんどか経験した祭りもそうだった。いつ始まるのかだれに聞いてもよくわからないし、始まるといって結局、始まらなかったこともある。その理由も人に聞いても、よくわからない。だが、本来、祭りとはそういうものなのかもしれない。「何日の何時から何時までの予定で祭りを行ないます」というのは、その時点で、もはや祭りとはいえないのかもしれない。祭りの時はむこうからやってくるのだから。

境内の外に出ると、トランスに陥《おちい》った大勢の男女を、まわりの人が支えて歩かせていた。神様が憑《つ》いたことを参拝者に誇示《こじ》するためなのだろうか。泡を吹いたり、ひっくり返ったり、叫んだりしても、みなで取り押さえて、むりやり歩かせている。もし、自分もあのままトランスに入っていたら、こうやって見世物《みせもの》のように歩かされていたのかと思うと、冷や汗が出た。

# 4 科学から美しいを考える

## ウォーレス線の教え

インドネシアのバリ島とそのとなりのロンボク島は、幅五〇キロほどのロンボク海峡《かいきょう》によって隔《へだ》てられている。海峡はフェリーなら四時間ほどで渡ることができるので、旅行者にとって二つの島を行き来するのはたやすい。

ところが、人間以外の動物にとって、この狭い海峡は、大きな断絶《だんぜつ》をもたらしている。生物学的に見ると、この海峡を境としてバリ側は東南アジア圏、ロンボク側はオーストラリア圏というふうに、その動物分布が異なっているのである。この境界線は、それを発見した一九世紀のイギリスの生物学者アルフレッド・ウォーレスの名にちなんで、ウォーレス線と呼ばれている。

バリからフェリーでロンボクに渡ったとき、海を眺めながら、ウォーレス線が引かれているのはどのあたりなのだろうかと想像した。もちろん、ウォーレス線という線が海上に白線のように引いてあるわけではない。人間にとって、バリとロンボクはほぼ同緯度上《どういどじょう》にあるフラットで、ひと連《つら》なりの、自由に行き来のできる世界である。だが、ボルネオ、スマトラ、ジャワ、バリで見られる有袋類《ゆうたいるい》や極楽鳥《ごくらくちょう》などは、この目に見えない境界線の存在を感知して、けっしてその向こう側へ行こうとはしなかった。ウォーレス線は動物だけに感じられる境界線なのである。

ウォーレス線は動物分布上の一つの事実である。同時に、それは世界の成り立ちについてのヒントを与えてくれる。つまり、どのような感受性で世界を見るかによって、見えてくる風景は無限に異なるということだ。ウォーレス線が感じられないからといって、人間がほかの動物に比べて鈍感《どんかん》である、というのではない。人間の感受性ではウォーレス線は感知できないけれど、動物もまた人間のもうけた国境や軍事境界線などを感知できない。どのような見方をするかによって、そこに境界線が見えたり、見えなかったりする。見える者にとっては、境界線は世界の一部として存在しているが、見えない者にとっては、それは存在しないのと同じである。どちらか一方が正しい見方というわけではない。

人間は極楽鳥の目で世界を見ることはできない。しかしアルフレッド・ウォーレスは丹念な観察によって、人間には見ることのできなかったウォーレス線という境界線に気づいた。それは生物地理学上の一発見であるばかりでなく、一つの美的体験といってもいいように思う。なぜなら、ウォーレス線の発見は、世界がのっぺりとしたフラットなものではなく、さまざまなリアリティが折り重なってできた無限に豊饒《ほうじょう》なものであることへの気づきにほかならなかったからだ。

## 動物に見えている世界

よく「ものを、ありのままに見なさい」といういい方をする。それは偏見や思いこみを捨てて、虚《きょ》心坦懐《しんたんかい》にものを見なさいという意味で使われる。しかし、「見る」ことを視覚に限定して考えた場合、いくらありのままに見ようとしても、生物固有の知覚の枠組みから外れるものは見ることができない。

われわれは光によって世界を見ている。光というのは電磁波のうち波長が三八〇から七八〇ナノメートルの範囲内のものを指す。目に、この範囲内の波長が入ってくると視細胞《しさいぼう》が興奮する。視細胞のうち、色に反応するのは錐体《すいたい》とよばれるものだ。人間の錐体は三種あり、波長の長さに応じて異なる反応をする。その反応が脳に伝わると、波長によって、いわゆる虹《にじ》の七色のような紫から赤にかけての色として感じられるのである。

リンゴを見て赤いと感じるのは、リンゴに反射した光の波長に反応する錐体が興奮し、その興奮が「赤」という感覚を生み出すからだ。つまり、外部に赤い光が存在するのではない。「赤」という感覚を生み出しているのは脳なのである。一方、紫よりも波長の短い紫外線、赤よりも波長の長い赤外線は人間の錐体ではとらえられないため目に見えない。暗闇に紫外線や赤外線を照射《しょうしゃ》しても、人間はそれを光や色としてとらえることはできない。

視覚の構造は動物によって異なる。チンパンジーやゴリラ、ニホンザルなどアジアやアフリカの霊《れい》長類《ちょうるい》には、人間と同じく三種の錐体があるので、人間と同じような色の世界を見ている。しかし、イヌやネコなど哺乳類《ほにゅうるい》の大半は、錐体が二種しかないため、赤が見えず、人間でいえば色覚異常のような世界を見ている。色鮮やかな花畑も、イヌの目にはモノトーンに映っているのである。一方、鳥や魚やハ虫類、昆虫のように四種、あるいは五種の錐体をもつものもいる。これらの生きものは人間よりも広い範囲の波長が見える。つまり紫外線を「見る」ことができる。

紫外線が見えると、世界はどう映るのか。たとえば、モンシロチョウの羽はわれわれの目にはみな白く見えるが、じつは紫外線の反射率がオスとメスとで異なる。このためモンシロチョウはオスやメスを一目で見分けることができる。また、人間の目には同じ色にしか見えない花でも、紫外線の反射率が異なれば、モンシロチョウには別々の花に見える。一方、モンシロチョウには赤が見えない。モンシロチョウにとって赤は人間にとっての赤外線と同じく暗黒であり、光としても色としても感じられない。

このような視覚の構造のちがいが生まれたのは、それぞれの種の生存戦略と関係している。モンシロチョウにとって紫外線が見えることは、繁殖《はんしょく》行動をスムースに行なうのに役立っている。

哺乳類の大半に錐体が二種しかないのは、生きるうえで視覚がそれほど重要ではなかったためだといわれる。四種の錐体をもつ昼行性生物だったハ虫類から分かれて夜行性動物となった哺乳類は、夜の闇の中で目立たぬように地味な外見となった。闇の中では視覚はあまり役に立たない。このためイヌやネコは錐体が二種になり、視力も色の識別力も劣《おと》ってしまった。そのかわりに発達したのが嗅覚《きゅうかく》や聴覚である。

四種の錐体をもっている鳥は紫外線を見ることができるし、色の識別能力が人間よりもすぐれている。羽の色彩を利用して求愛行動を行なう鳥も多いため、多くの色彩が見えることが繁殖行動にかなっている。また森の中で木の実などを見分けるのに、紫外線が見えるのが役に立っている。

動物によって見え方がちがうのは地上の世界ばかりではない。色鮮やかなサンゴ礁《しよう》も、人間と魚とではちがって見えている。写真や映画などで見るサンゴ礁が極彩色なのは照明を当てて撮影しているからである。実際のサンゴ礁では赤い波長の光は水に吸収されて消えてしまうので、鮮やかに見えるサンゴや熱帯魚の模様もじつは目立つどころか保護色の役割をしている。また、プランクトンを食べる魚の多くは紫外線が見える。紫外線が当たるとプランクトンは黒っぽく見えるからである。

「ありのままに見る」といっても、視覚のちがいによって見えている世界は、これほど異なっている。人間の見ている世界が唯一の正しい世界というわけではない。鳥や昆虫には人間には感知できない豊かな色彩の世界を感じているものがいるのを忘れてはならない。

## 「ニワトリを見ました」と答えた村人

見ている世界は知覚の枠組みだけで決まるわけではない。感覚が鋭敏《えいびん》だからといって、かならずしも多くのものが知覚されているとはかぎらない。たとえば、イヌの嗅覚《きゆうかく》は人間の数千倍とも数千万倍ともいわれる。これは匂いを嗅《か》ぎわける細胞が、人の場合は約五〇〇万個なのに対して、イヌは約二億五千万個もあるためである。しかし、イヌはその鋭い嗅覚でつねにあらゆる匂いを感知しているわけではない。関心のある匂いには集中するが、そうでない匂いは無視しているからである。

これは人間も同じである。同じ視覚の構造を持つ人間であっても、文化や時代によって見える風景がちがうのは、どこに関心をおいてイメージをつくるかが異なるためである。中世のヨーロッパ人には自然が関心の対象でなかった話はすでにした。もっと身近な例でいえば、町を歩いている若い女の子たちは中年男性など見ていないし、若い男性は女の子ばかり見ていて、そのほかのものは目に入っていないかもしれない。別々の年齢の人たちが同じ町を同じ時間歩いて、なにを見てきたかと聞けば、それぞれまったくちがう答えが返ってくるはずである。

マーシャル・マクルーハンは、こんな話を紹介している。

二〇世紀の前半、あるアフリカの村で、白人の衛生監視員たちが、村人たちに衛生の大切さを教える映画を見せた。上映後、監視員は、村人に「あなたたちは映画で何を見ましたか」とたずねた。監視員は「手を洗っているのを見ました」とか「服をきれいにしているのを見ました」といった反応を期待していたはずだ。ところが、村人から返ってきたのは「ニワトリを見ました」という答えだった。一人だけではなく、みな同じことをいった。

監視員たちはとまどった。映画は衛生の大切さを説《と》いたものであって、ニワトリとは関係ない。そもそもニワトリが映画に出ているはずなどなかった。いぶかしんだ監視員が注意深く映画を見なおすと、途中で、一瞬、画面の下をニワトリが横切る場面が見つかった。撮影現場のそばにいたニワトリが偶然カメラに映りこんでいたのだった。監視員たちは、このときまで、だれもそのことに気づいていなかった。しかし、村人たちにとって、この映画でもっとも印象に残ったのが、このニワトリだった。一方、監視員たちが伝えたかった映画の筋については、村人はまったく理解していなかった。

この話は、無文字社会の人びとが映画の内容を理解できないことを伝えているわけではない。人は、自分たちの文化的な文脈の中にあるものしか見えないのである。われわれが映画を見てストーリーを理解できるのは、そこに使われている約束事を学習して理解しているからだ。

たとえば、ドラマの中で男性の笑っている顔が映り、つぎに女性が照れている顔が映ったら、われわれは説明されなくても、二人が同じ場所で見つめ合っているとわかる。それはふだんからテレビや映画を通して、そういう映像の文法に慣《な》れ親《した》しんでいるからである。しかし、そうした約束事を知らなければ、男と女の関係を結びつけては考えられない。監視員たちが上映した映画の中に、村人がニワトリしか見えなかったのは、唯一、ニワトリだけが村人の生活の文法で解釈できるものだったからである。

## ありのままの世界は見えない

つまり「見る」には約束事が必要なのだ。これは人間も動物も同じである。動物行動学者のティンバーゲンは、セグロカモメのヒナは餌《えさ》がほしいとき、親鳥のくちばしの先にある赤い点をつつくことを発見した。ヒナは親鳥をその全体の姿で認識しているのではなく、くちばし状の形とその先端にある赤い点として把握《はあく》しているのである。それがヒナにとって、親を認識するために先天的にプログラムされた約束事である。この時期のヒナには、たとえ赤い印をつけた棒であっても親鳥に見えるのである。

どうしてセグロカモメのヒナは親を全体として見ないのか。それは逆のパターンを考えればわかる。視覚に入ってくるすべての情報を分析してから認識するとなったら、とほうもない情報処理能力と時間が必要とされる。野生動物が、そんなことに時間をかけていては、自分の生存が危《あや》ぶまれる。そのため、いま生きるうえで必要な情報だけを取りだし、わかりやすくパターン化してイメージを作りあげているのである。

セグロカモメのヒナだけでなく、人間もほかの動物も、ありのままの世界や自然を、全体として認識しているわけではない。というよりも、ありのままの世界は、見たくても見ることができないのである。ありのままの世界とは、どこにも切れ目も境界もない連続体である。それは名づけようもなければ、認識しようもないものである。

たとえば、われわれは人体を見て、ここは頭、ここは肩、ここは腕、ここは手首というふうに、それぞれの部位を認識する。それは「このあたりを腕とよぼう」「この辺は手首とよぼう」という約束事に基づいている。このような約束事をいっさいはずしてしまうと、どこまでが人間の体といっていいのかわからなくなる。皮膚《ひふ》は人間の体の境界といえるのだろうか。人間は鼻や皮膚から呼吸をしているが、その空気は体の一部ではないのか。体から発散される熱は体ではないのか。そんなふうに見ていくと、「人体」という概念も、一つの約束事だとわかる。こうした約束事をすべてはずしてしまうと、なにもかもがつながってしまい認識のしようがない。

では、ありのままの世界とはどのようにイメージできるのか。それは生まれたばかりの赤ん坊や、先天的に目の見えなかった人が手術で目の機能を回復して、初めて目でものを見たときに感じる世界に似ているかもしれない。脳神経科医のオリヴァー・サックスは、そんな患者が初めて自分の目で世界を見たときのことを書いている。そのとき患者は「なにを見ているのかよくわからなかった。光があり、動きがあり、色があったが、すべてがごっちゃになっていて、意味をなさず、ぼうっとしていた」と語ったという。

ふつうの人は、部屋を見れば、手前にテーブルがあり、その上に花びんがあり、その向こうに壁があり、絵がかかっている、といった関係性をすぐに把握《はあく》することができる。しかし、その患者はすべては見えているのに、物や人の境界線、遠近感、関係などがわからず、色も形も動きもすべてがごっちゃにしか感じられなかったのだった。脳に信号は送られていたが、脳はそれらを意味づけることはできなかった。

「見る」とは送られてきた信号を脳が意味づけることである。先の患者が体験したような、すべてがつながってごっちゃになっている世界に、切れ目を入れ、約束事やパターンをあてはめ、自分にとって理解可能なものに変換することによって、初めて「見る」ことができる。生まれつき目の見える人は、このような作業を、生まれてからずっと行ないつづけている。「見る」とは学習である。文化や環境といった約束事にしたがって、目に入ってくる信号を関連づけ「世界」をつくるのが「見る」ことである。ありのままの世界を、見ることはできないのである。

## ドイツの虹は五色

世界を見るための約束事は、文化によってさまざまである。先ほど、人間が見ることのできる電磁波の範囲は決まっていると述べた。その波長を順に並べた色の帯が、いわゆる虹色《にじいろ》である。それは民族にかかわらず、正常な視覚を持つ人間であれば、だれにでも見えているはずだ。しかし、虹がいくつの色からできていると見るかは、時代や文化によって異なる。

日本では一般的に虹は七色とされるが、かつては五色といわれていた。それは中国から流入した陰《いん》陽《よう》五《ご》行《ぎょう》説《せつ》の影響で五という数が重視されたからだろう。アメリカでは虹は六色、ドイツでは五色、また日本の沖縄では古くは二色といわれていた。しかし本来、虹はひと連なりのものであって、はっきりとした色の区分けがあるわけではない。虹の色もまた約束事である。

もともとは切れ目のないものの中に、切れ目やパターンをあてはめることで人間は世界をわかりやすくして認識している。星座もそうだ。夜空の星のならび方は本来、バラバラである。星座は、古代の人びとが、そのバラバラな星同士を線で結び合わせて、人物や物をあてはめて認識しやすくしたものである。その星同士の結びつけ方も民族によってさまざまである。

面白いのは、北斗七星だけは、世界中の多くの民族が共通して、同じ七つの星の組み合わせとして認識していたことである。ギリシアではおおぐま座の一部、中国ではひしゃく、北アメリカとシベリアでは熊と三人の狩人、インドでは七人の仙人というふうに、七つの星をひとまとまりとしてとらえている民族が少なくない。それは文化のちがいをこえて、人間がものを見るときの一つのクセなのだろう。

## パターン認識の落とし穴

　人間には、ものを見るうえでのクセがたくさんある。たとえば、円の中に点をならべて二つ打ち、下に横棒を引いたものを見れば、とっさに人の顔として認識するだろう。また、図1のような図形を見ると、描かれているのは切れ目のある三つの円であるにもかかわらず、そこに存在していない正三角形が浮かび上がってくる。また、図2を見れば、ほとんどすべての人は、長方形の背後《はいご》にあるのは一本の棒だと思う。また、図3では正方形の背後に三角形が隠れていると感じるだろう。このようなパターン認識は人間だけでなく、動物にもあることがわかっている。

　パターン認識の能力は、それが生存にとって必要だったために発達したのではないかといわれている。円に点二つと横棒を人の顔として認識するのは、遠くからでもすばやく相手の顔を見分けることが、ヒトの生存にかかわることだったため、経験を重ねていくうちに脳にプログラミングされたのではないかといわれている。また、隠れている部分をイメージで補《おぎな》う習性《しゅうせい》は、岩陰《いわかげ》から飛び出している尻尾を見て、隠れている捕食者《ほしょくしゃ》をイメージすることが生きるうえで不可欠だったために発達したクセとも考えられる。

　興味深いことに、図2や図3をハトに見せた場合、ハトは図2の棒を上下別々の棒が二本あると認

図1

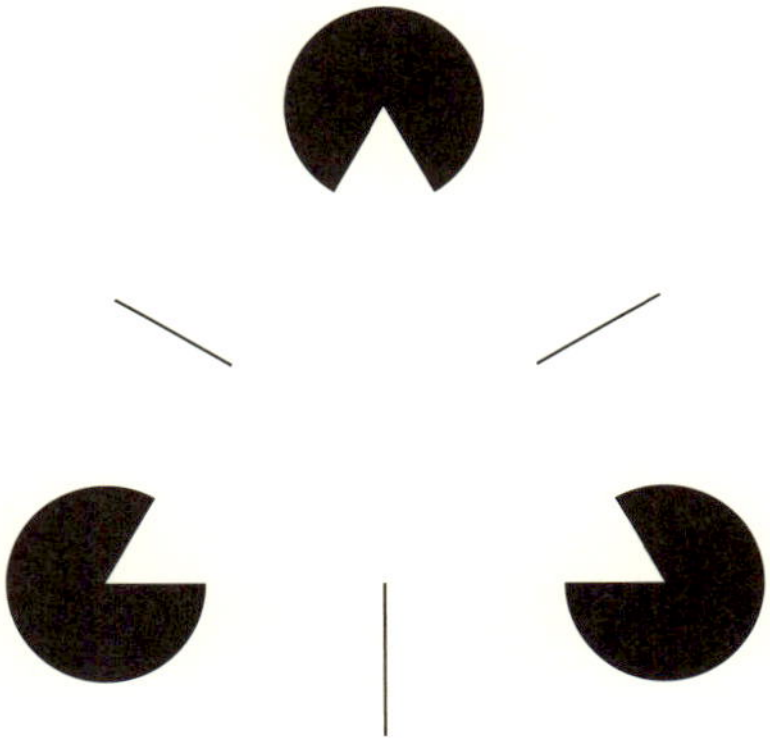

図2

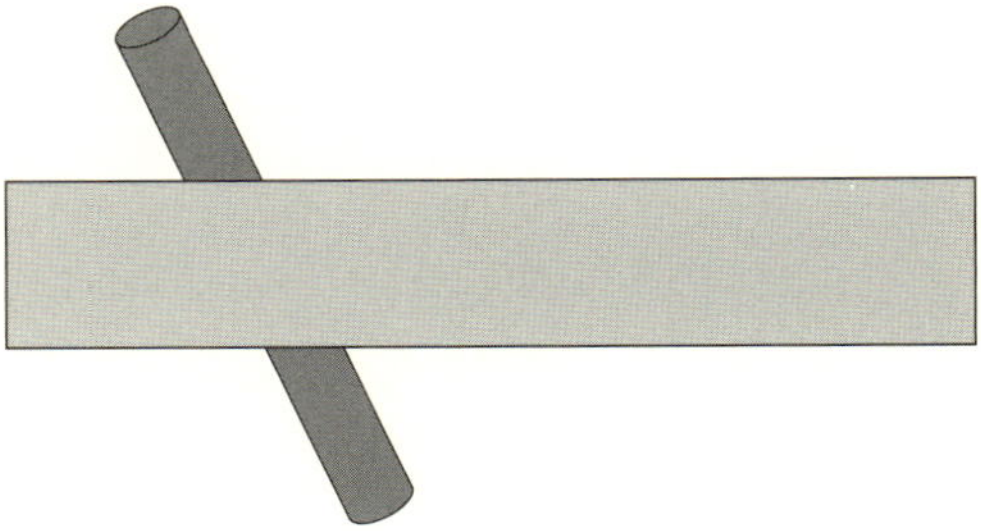

図3

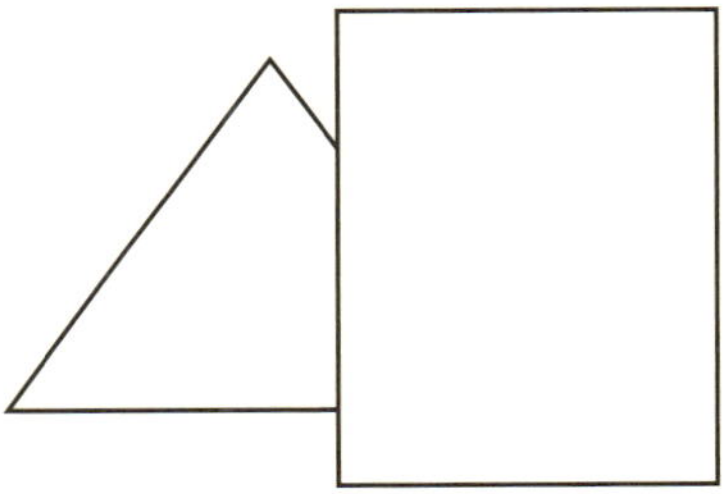

識する。図3も、正方形と三角形が折り重なったものではなく、正方形と変形した四辺形が接していると認識するという。比較認知科学者の藤田和生氏は、これはハトの欠陥《けっかん》ではなく、「ハトの生活にはおそらくそれが適している」のだと述べている。藤田氏によれば、穀物《こくもつ》を食べるハトにとっては、わざわざ隠された部分をイメージで補って全体像を認識することよりも、そこにあるものをどんどん食べるほうが生存戦略にかなっているというのである。

その反面、パターン認識の回路が脳内で強固になりすぎると、それ以外の物の見方ができなくなる。虹を七色に見る人が、それを五色や六色に見ることはむずかしい。円に点二つと横棒を描いた絵が人の顔に見えてしまうと、もはやそれを人の顔以外の形として認識するのが困難になる。脳にとっては、複雑なパターンを見出すよりも、単純なわかりやすいパターンを通して、情報を処理するほうが楽である。しかし、ある特定のパターン認識ばかりにたよっていると、どんなに複雑なものを見ても聞いても、同じようにしか解釈できないという状況も起こりうる。どのような変化がまわりで起こっていても、一つの物の見方のパターンから逃れられなくなると、つねに世界全体がそのパターンでしか見えない。そうした硬直した感覚が社会全体に広がっていくと、閉塞的《へいそくてき》な状況がつくられていくのではないか。

ここで「美しさ」に話を戻そう。思うに、美しさを見出すとは、こうした硬直化したパターン認識から抜け出すことである。美しさというのは、文化によって異なるという話をしてきたが、その文化というのは人間が生きていくのに都合のいいように、あるがままの世界から抽出《ちゅうしゅつ》したパターンである。いいかえれば、伝統的につくりあげてきた、物の見方のクセといってもよい。しかし、そのクセにとらわれすぎると、そのクセではとらえきれない世界の豊かさを見失いかねない。美しさを見出すとは、自分の中に組み込まれたクセから自由になって、世界の新しい見方を発見することにほかならない。美しさを見出すとは、閉塞感をこわしていくことばかりではない。それは生きものの生存戦略にとっても理にかなっている。その例を次に紹介しよう。

## 動物にとって美とは何か

霊長類学者《れいちょうるい》の鈴木晃《あきら》氏は、タンザニアでの調査中、一頭の若いオスのチンパンジーが、高い木の枝にすわって、山のかなたに沈んでいく夕陽をいつまでも眺めているのを見たことがあると書いている。そのオスは日が暮れる頃、一人で木の梢《こずえ》ちかくまで登ると、そこにすわって西の方に顔を向けて、動かなくなった。初めは、ただ休んでいるのかなとしか思わなかったのだが、やがて空が紅《あか》く染まっていくのに気づいたとき「そのチンパンジーが、沈んでいく太陽を、染まっていく夕空を眺めているのだということを確信した」(『夕陽を見つめるチンパンジー』)と鈴木氏は書いている。

チンパンジーの色覚はわれわれと同じなので、人間が見ているのと同じく紅い夕陽を目にしていたのはまちがいない。もっとも、彼が、それを美しいと感じて眺めていたかどうかは想像するほかない。

動物は美を感じるのか。これは動物の心になりかわれない以上、なんともいえない。美しいという感じ方は、言語を持つ人間の感覚であって、そのまま動物に適用することはできない。しかし、たとえばクジャクの羽は、われわれの目から見ても美しいが、それをクジャク自身も魅力的なものとしてとらえているのは、たしかなようだ。

クジャクのオスは、そのみごとな羽を広げ、小刻《こきざ》みにふるわせて音を立ててメスの気を引く。メスはそれを見て、オスをパートナーとして選ぶかどうかを決める。また、小鳥のなかにはオスがメスの前で求愛のダンスを踊ったり、歌をうたってみせたりするものも多い。メスは、その歌を聞き、ダンスを見て、気に入ったらそのオスをパートナーに選ぶ。

小鳥は本能では歌はうたえない。隔離《かくり》された環境で小鳥のヒナを育てると、その鳥は正常な歌をうたえなくなるという。小鳥は親やほかの成鳥の歌を聞いてうたい方を学び、練習をかさねた結果、うたえるようになる。その歌にも個体差があり、メスは、より複雑で洗練された歌やダンスを好むという。その複雑さを美しさとよぶならば、鳥の世界において「美しさ」とは、オスがメスを引きつけるために発達させた繁殖《はんしょく》のための「文化」といえるだろう。

これは人間の世界も同じである。すでに取り上げた西アフリカのワダベの美男コンテストもそうだ。そこでの美しさの目的は、異性を引きつけ、結婚相手を見つけ、自分の遺伝子を残すことにある。動物の世界においては、それこそ美しさの、もっとも重要な役割だったのではないか。

だが、人間と野生動物とでは、美しさを発揮《はっき》するうえで大きく異なる点がある。それは、美しさを発揮することは野生動物にとっては、自らの身を危険にさらすことにつながる点である。たとえば、小鳥が複雑な歌を大きな声でうたえば、それはメスの歓心《かんしん》だけでなく、捕食者である天敵の注意を引くことにもなる。洗練されたダンスも、目立ちすぎれば自分が襲《おそ》われる危険がある。遺伝子を残すためのダンスが、結果的に我が身を滅ぼす結果になりかねないのである。

しかし、それでもなお、メスは複雑な歌をうたうオスを選ぶ傾向があるという。どうして、そうなのかは「ハンディキャップ理論」という考え方で説明されている。複雑な歌をうたうオスは、歌に注意をむけると同時に、危険をすばやく察知できるよう、まわりにも気を配らなくてはならない。つまり、複雑な歌とまわりへの目配りという二つのことを同時に行なえるオスは、それだけふつうのオスよりも生存能力が高いことになる。メスが複雑な歌をうたうオスを選ぶのは、そのほうが生存能力の高い子孫《しそん》を残せるからだ、というのである。動物行動学者の岡ノ谷一夫氏は、このことをジュウシマツと、その原種にあたるコシジロキンパラの観察から明らかにした。

ジュウシマツはコシジロキンパラという野生種をペットとして飼いならしてできた種である。両者を比べると、コシジロキンパラの歌は単純であり、ジュウシマツの歌は複雑だという。これはコシジロキンパラが暮らす野生の環境では、歌を複雑に進化させたくても、天敵に見つかる可能性がある。そのため歌を複雑にするにも限界があった。一方、人間に飼われてきたジュウシマツは天敵に遭遇《そうぐう》することはないため、好きなだけ歌を複雑に進化させることができたという。面白いことに、それまでコシジロキンパラのオスの単純な歌しか聞いていなかったコシジロキンパラのメスに、ジュウシマツとコシジロキンパラの歌を合成した歌を聞かせたところ、メスはこの新しい歌の方をがぜん気に入ったという。

自らの身を危険にさらしても、複雑な歌をうたうほうがメスにもてる、というのは、人間の世界でいえば、無茶をしても新しいことをする男がもてるということだろうか。人間はジュウシマツと同じように、天敵を持たず、野生の激しい生存競争にさらされることのない位置にいる。それでも不況下《ふきょうか》では、むしろ新しいことを避けて、保守的に、古い歌をうたいつづけている男の方がもてるようだ。けれども、長い目で見ると、生物としての生存や繁殖にとっては、新しい複雑な歌を生み出していく男を選ぶ方が有利だということを、ジュウシマツの歌は示しているのかもしれない。

## ヴェサリウスの解剖図

話はがらりと変わる。絵画の区分にはいろいろあるが、乱暴を承知《しょうち》であえてそれを二つに分けるとすれば、目に見えないものを描いたものと、目に見えるものを描いたものに分けられるように思う。目に見えないものとは呪術《じゅじゅつ》や宗教、内面世界などにかかわったもの。一方、目に見えるものとは、視覚でリアルに見ることができるものである。

このうち、人間の歴史の中で、どちらのほうが主流であったかというと、圧倒的に目に見えないもののほうだった。洞窟壁画の時代から古代、中世にいたるまで、目に見えないものこそが絵のテーマであった。目に見えるものというのは、絵を描く者にとって関心の対象ではなかった。古代には人は目に見えない力に対して畏《おそ》れを感じていたし、ヨーロッパでもキリスト教の影響で、目に見えるものより目に見えない永遠なものこそ価値があると考えられていた。ルネサンスになってようやく、目に見えている風景や人物をテーマとした絵が生まれ、その傾向が二〇世紀のはじめ頃までつづいた。

どうしてルネサンスになって、目に見えるものに関心が向けられたのか。その理由の一つには、解《かい》剖学《ぼうがく》の発展や、望遠鏡や顕微鏡《けんびきょう》の発明といったものがあった。これらの科学的知識や光学器械《こうがくきかい》の発展によって、人は、目に見える有限な世界が、じつは、無限に連《つら》なるような神秘を隠しもっていたことに気づいたのである。

一六世紀から一八世紀にかけて発展した解剖学は、それまで未知の世界だった人体のイメージをがらりと変えた。中世のキリスト教世界では死とともに滅んでしまう人体への関心はうすく、解剖もほとんど行なわれなかった。解剖図も古代ローマの医師ガレノスの医学書から描き写されるうちに、すっかり不正確になってしまっていた。たまに解剖が行なわれることもあったが、それは人体の研究が目的ではなく、ガレノスの権威《けんい》を確認するためだった。

ガレノスの解剖図は不備だらけだったのだが、ガレノスというフィルターを通して人体を見ていた当時の医師には、ガレノスの本に記されていないものは見えていなかった。それは中世の人びとに「自然」が見えなかったのと同じである。たとえ気づいた点があったとしても、ガレノスが正しくて、人体の方がまちがっている(!)と考えたのである。

ところが、一六世紀の医師ヴェサリウスの著《あらわ》した解剖学書『ファブリカ』になると、そこに描かれた解剖図は今日でも通用するほど正確で、レベルの高いものになる。ヴェサリウスはガレノスを参考にしながらも、複雑な人体組織を自分の手で納得《なっとく》のいくまで解剖し、目で見たとおりに記録した最初の人物であった。それはヴェサリウスよりも数十年前に、やはり何体もの解剖を手がけたレオナルド・ダ・ヴィンチの観察よりも、さらに正確である。レオナルドも客観的観察を重んじ、その解剖図には正確な観察眼がうかがわれる。しかし、そのレオナルドでさえ頭部の解剖図については、現実の観察結果よりも、過去の文献《ぶんけん》に影響された思いこみで描いた部分が見られる。ヴェサリウスにいたって初めて、過去の権威や偏見のフィルターを通さずに、見たものを見たままに記録する解剖学が生まれたのである。

『ファブリカ』に付せられた解剖図の中でも、目を引くのはイタリアのパドヴァの風景を背景に、表皮《ひょうひ》を剥《は》がれて筋肉組織だけになった人間がポーズを取っている一連のシリーズだ。背景にローマの廃墟《はいきょ》が描かれているものもある。廃墟とはいわば建築物の解剖図のようなものであり、解剖図は人体の廃墟というふうにも見られる。当時の人びとは、廃墟も解剖図も同じ目線で眺めていたのかもしれない。その後、一八世紀には解剖学への関心がピークを迎え、時を同じくして廃墟ブームが起きている。両者をつらぬいていたのは、見えるもの（人体・建築物）の中に、見えないもの（内臓・廃墟）を見ようとする感性だったのかもしれない。

イタリアのフィレンツェ大学付属のラ・スペコーラ博物館に行くと、一七世紀から一八世紀につくられた蝋《ろう》でできたリアルな解剖模型《もけい》の一大コレクションを見ることができる。かなりショッキングな展示だが、そこで見られるおびただしい、精巧《せいこう》で美しい解剖模型からは、人体の内部に魅《み》せられた当時の人たちの驚きと恍惚《こうこつ》がありありと伝わってくる。

## テクノロジーと視覚革命

目に見えないものをイメージ化するうえで、大きな役割をはたした科学機器といえば、望遠鏡と顕

ヴェサリウス『ファブリカ』（1543年）に描かれた筋肉による人体。背景に廃墟が描かれている。

微鏡である。いずれも一六世紀の終わり頃、オランダで発明された。望遠鏡と顕微鏡によって、人びとの世界に対するイメージは飛躍的《ひやくてき》に広がった。

中世まで人びとは宇宙とはそれほど大きくないものと感じていた。天動説が信じられていた頃、宇宙は天球に太陽や月や星が貼《は》りつけられた比較的コンパクトな世界だった。ところがルネサンス以後、コペルニクスの地動説が発表され、ガリレオが望遠鏡で観察して月をスケッチしたことなどによって、宇宙は自分たちが思っているよりもずっと広いこと、月は円い球体ではなく、地球と同じように山や谷などの凹凸《おうとつ》があることなどが明らかになった。しかし、宇宙観というのはキリスト教の根幹《こんかん》にかかわることであった。そのため、このような天文学的な観察成果が、当時のヨーロッパの人びとの宇宙のイメージを変えるには時間がかかった。

望遠鏡以上にインパクトを与えたのは、むしろ顕微鏡だった。それまで極微《ごくび》の世界の存在を知らなかった人びとは、どんな小さなものの中にも、広大な世界が広がっていることを目の当たりにしてショックを受けた。学者たちは昆虫から微生物、動物の受精卵など、あらゆる微細《びさい》なものを顕微鏡で観察し、それらを絵に描いた。人びとは、解剖図を見るときと同じように、そこに無限につながる神秘を感じていたのである。

一七世紀の生物学者ロバート・フックは、『ミクログラフィア』という顕微鏡図譜《ずふ》の中で、こう述べている。「光学器械によって、足もとに横たわる大地は、まったく新しいことを教えてくれました。いまや、私たちは物質の一つひとつの小さな粒子《りゅうし》の中にも、これまで全宇宙の中に数えることができたのと同じくらい多様な創造物を見ることができるのです」

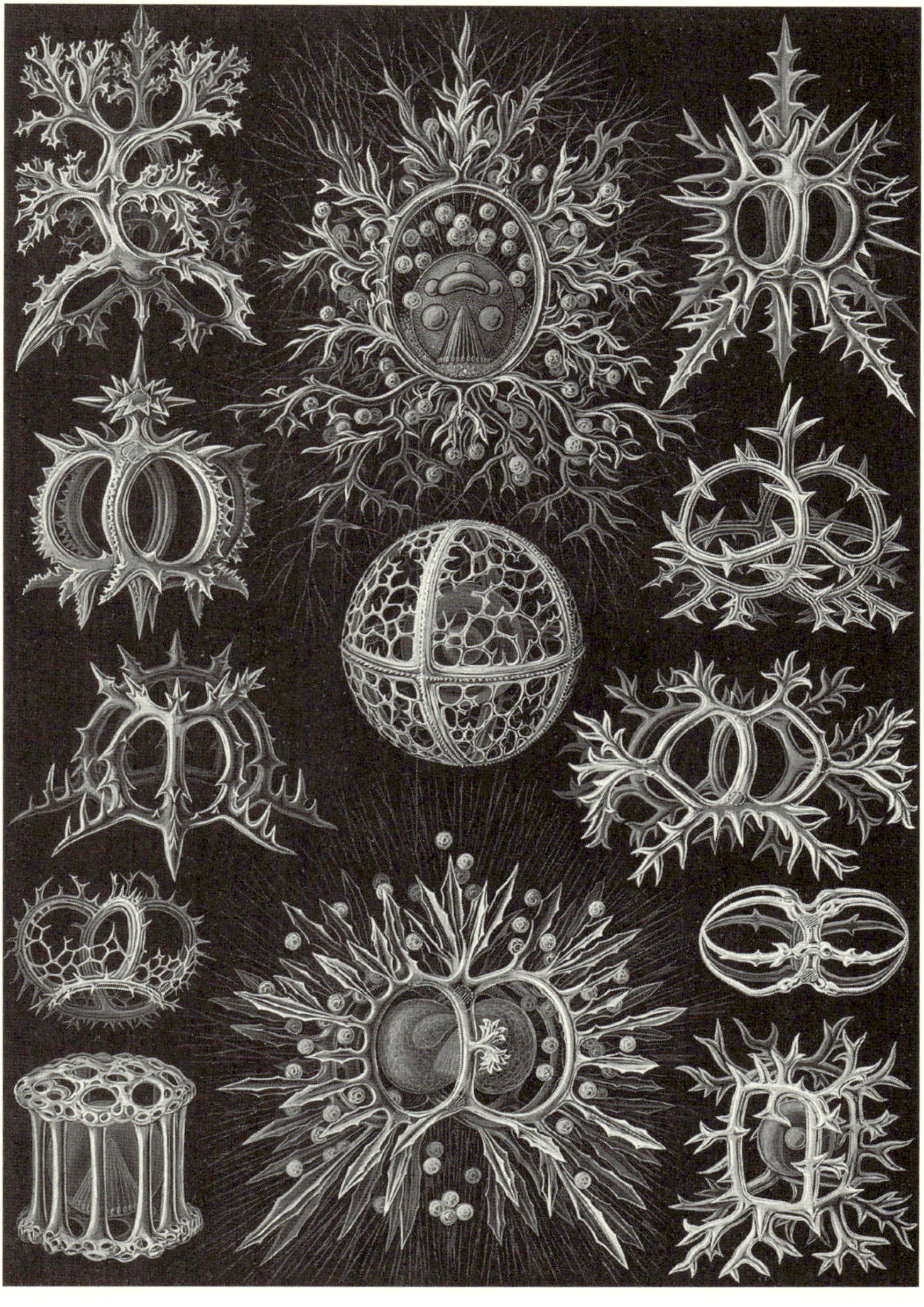

ヘッケル『自然の芸術的形態』（1899-1904年）より。顕微鏡で自ら観察した放散虫を描いた。

顕微鏡は、見えるものの世界を大きく広げた。もはや見えないものを求めなくても、自然界にある「見えるもの」をつきつめていくことで、神の創造の秘密にせまれるのではないか。こうした確信は世界各地への博物学的探険航海《たんけんこうかい》という形になって、現実のものになっていった。それらの探険によって収集された、さまざまな標本《ひようほん》は、パリやロンドンに設立された植物園や博物館に収められ、多くの博物誌や図鑑が刊行される。見えるものの追求こそ世界の秘密を明らかにする。このような「視覚」への没頭《ぼっとう》が、近代という時代を押しひろげていった。

日本でも江戸時代中期にオランダから入ってきた光学器械は、江戸の学者たちの心をすぐにとらえた。ヨーロッパ人たちがそうであったように、顕微鏡のインパクトはここでも大きかった。江戸の蘭《らん》学者《がくしや》たちは、ノミやシラミといった小さな昆虫が拡大された画像を見て衝撃を受けた。その精巧《せいこう》な外見を見た人の中には、小さな昆虫は体が小さいだけであって、その条件さえなくなれば、人間と同じようにふるまうのではないかと考える者もいた。

『東海道中膝栗毛《とうかいどうちゅうひざくりげ》』の作者である江戸の大衆作家、十返舎一九《じっぺんしゃいっく》は、顕微鏡をのぞいた者たちのこうした感想をもとに、戯作《げさく》絵本『虫看鑑榁辺若艸（むしめがねのべのわかくさ）』を書いている。これは虫たちが人間のようにふるまう話で、挿絵《さしえ》では、頭の上にカタツムリやコオロギなどをのせた人物たちが登場する。ほかにも当時の蘭学者で絵師であった司馬江漢《しばこうかん》はオランダの銅版画を見ながら、ノミやシラミや蚊《か》の精密な版画を制作している。蘭学者の森島中良も『紅毛雑話』の中でボウフラや蚊やブヨなどを拡大した絵を載《の》せている。これらの絵に創作欲を刺激された山東京伝《さんとうきょうでん》は『松梅竹取談（まつとうめたけとりものがたり)』という戯作本を書いている。これは顕微鏡でのぞいた虫どもが巨大化して人間を襲《おそ》うという、B級SFのような話である。絵は歌川国貞《うたがわくにさだ》が手がけている。

また、顕微鏡が江戸のデザインに思わぬ影響を与えた例もある。江戸時代後期の古河藩主《こがはんしゅ》、土井利位《どいとしつら》は、顕微鏡を雪の観察に用いた。拡大された雪の結晶《けっしょう》の美しさに魅入《みい》られた利位は二十年にわたって観察と記録を行ない、その成果を『雪華図説』『続雪華図説』にまとめた。そこには拡大された雪の結晶の図版が合計一八三片《へん》収められている。それらは雪のさまざまな結晶パターンの特徴をよくとらえていた。

『雪華図説』は大名や公家《くげ》の間で贈答用の書物として人気を博した。その後、越後《えちご》の商人、鈴木牧之が『北越雪譜』という随筆《ずいひつ》の中に『雪華図説』の図版を引用して掲載したことがきっかけとなって、雪華模様は、江戸庶民の間で評判となる。雪華模様は、着物、刀のつば、印籠《いんろう》、浮世絵《うきよえ》、陶器《とうき》などに意匠《いしょう》として幅広く使われ、江戸の一大ブームとなったのである。オランダ渡来《とらい》の顕微鏡というテクノロジーと、土井利位の情熱が結びついて生まれた江戸の美の一例である。

テクノロジーの発達にともなう視覚の革命は今日もつづいている。飛行機の発明によって、人間は鳥の視点を獲得した。宇宙船は宇宙空間から地球の姿を見ることを可能にした。月周回衛星「かぐや」は、月面越しに昇ってくる地球の姿を驚くほど高解像度の動画で見せてくれた。

このような映像は、われわれに、物を見る新たな視点を与えてくれる。宇宙空間に浮かぶ地球の姿は、そこが本来、国境や軍事境界線もない、ひとつの世界であることを思い出させてくれる。しかし、一方で、われわれは視覚がもたらすイリュージョンに慣れすぎてしまった。そのため、どんなものを見ても、なかなかリアリティが感じられなくなっているのも事実である。「かぐや」のもたらした映像は、たしかに美しい。しかし、それが広告やポスターのように薄っぺらく見えてしまうこともあるのではないだろうか。

いまではネットを使えば、世界中どこでも行った気になれる。アフリカの砂漠やインドの奥地の写真だって見られるし、人工衛星が送ってくる宇宙の映像だって、いながらにして見ることができる。しかし、怖いのは、それで世界が見えている気になってしまうことだ。さまざまな情報がかんたんに手に入るがゆえに、それで世界がわかったような気になるという錯覚《さっかく》から、われわれは、ますます逃《のが》れにくくなっている。

この本の冒頭でユルスナールの書いた中国の王子の話を取り上げた。王子はどうすればよかったのか。たとえ、実際の街や女たちが、描かれた街や天女《てんにょ》の美しさに及ばなくても、王子は外へでるべきだったのだ。そして街の雑踏《ざっとう》に身をゆだね、市場のにぎわいを味わい、道行く人びとの体臭《たいしゅう》をかぎ、女たちにふれるべきだったのだ。そうすれば、王子は、それまで見えなかった新しい美しさに気づいたかもしれない。世界がわかった気になるなんて錯覚である。この錯覚の外側にでるとき、世界は美しく見えるのではないか。

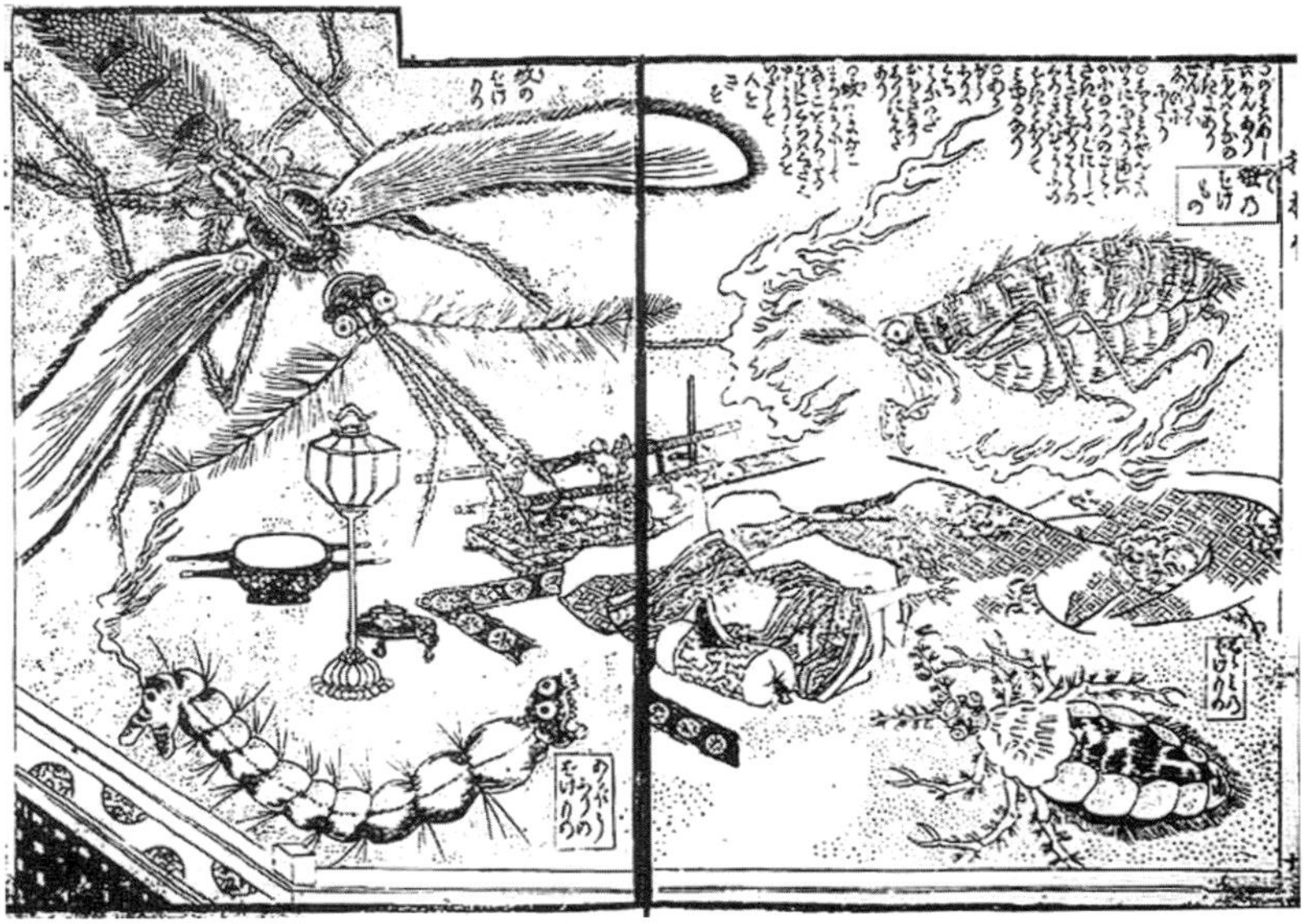

上｜山東京伝『松梅竹取談』（1809年）より。顕微鏡で見た虫が巨大化して人を襲うという江戸時代のB級SF漫画。
右｜土井利位が『雪華図説』（1832年）に掲載した雪の結晶の図版。

column

# 見えないエルサレム

「まるでロール・プレイング・ゲームの世界だね」とエルサレムの宿でいっしょになった中国人の若い旅行者がいった。

彼はドラゴン・クエストやファイナル・ファンタジーといったゲームの名をあげ、あのゲームをデザインした人はエルサレムに来たことがあるにちがいないといった。

なるほど。たしかに、城壁《じょうへき》にかこまれ、迷路のように入り組んだエルサレムの旧市街は、ゲームに出てくる中世風の街並みそっくりだ。しかし、この街がゲームを思わせるのは見た目の印象のせいばかりではない。

だいたいイスラエルという国への入国審査からしてゲームの第一ステージのようだ。テロを極度《きょくど》に怖《おそ》れているため、イスラエルほど入国審査の厳しい国もない。旅行の目的はなにか？　職業は何か？　何日滞在して、だれに会う？　尋問《じんもん》のような質問が入国審査官からくりかえし投げかけられ、ちょっとでも矛盾《むじゅん》があると、徹底的に調べ上げられる。まず、ここ

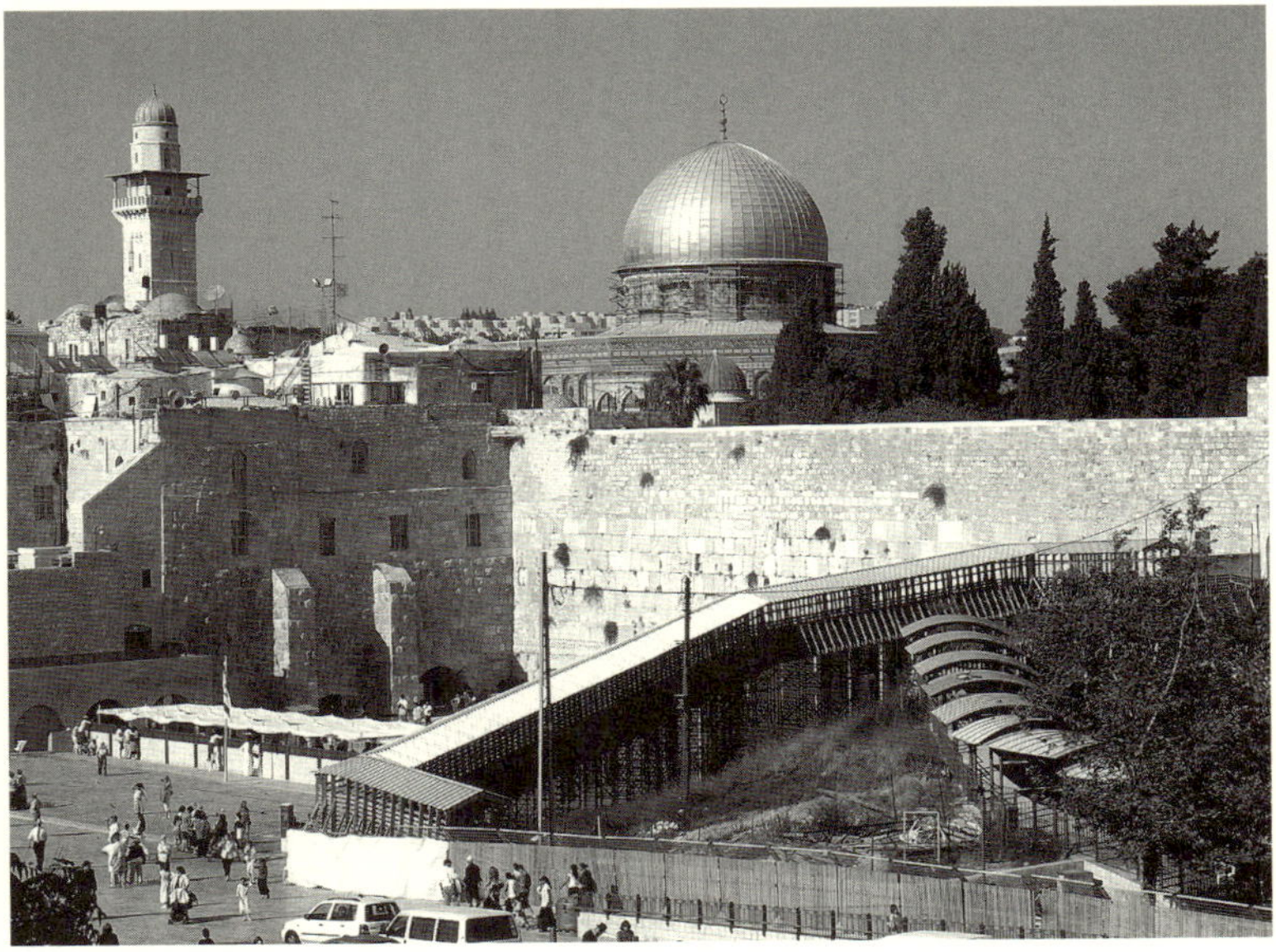

エルサレム。イスラム教徒の聖地「岩のドーム」とユダヤ教徒の祈りの場である「嘆きの壁」

をクリアしないと、入国すらおぼつかないのである。

いざ、エルサレムの旧市街に入ると、第二ステージの始まりだ。周囲わずか四キロしかない城砦《じょうさい》の中には自動小銃《じどうしょうじゅう》を手にした兵士たちが要所に配置され、まさにゲームの舞台のようだ。その狭い城砦内がイスラム教徒、キリスト教徒、ユダヤ教徒の地区に分かれ、さらにキリスト教はコプト教、ギリシア正教、エチオピア正教、アルメニア正教など、それぞれ無数のコミュニティに分かれて暮らし、しかも互いに仲がいいわけではない。考えていることも、話すことも、みなちがう。どの視点からこの街を見るかで、まったくといっていいほどちがう風景が見えてくる。

しかし、もしエルサレムがゲームの舞台だとしたら、そのゴールというのは、どのようにイメージできるのだろうか。ただのゲームなら、主人公が囚《とら》われの姫を救い出し、宝物を手に入れでもすれば、ゲームはクリアということになる。だが、エルサレムというゲームの世界観は、それほど単純ではない。では、だれがだれを救い出せば、ゲームは終わるのか。

もし、このゲームをユダヤ人がデザインするならば、そのゴールは「神殿の丘」をイスラム教徒の手から取り戻し、そこに新しい神殿を建設するといったものになるかもしれない。しかし、イスラム教徒がデザインするゲームであれば、そうはいかないだろう。ユダヤ地区の拡大を押しとどめ、キリスト教徒とユダヤ教徒とが共存《きょうそん》する街をつくりあげたところでゲームクリアというのが、ゴールのイメージかもしれない。宗教やコミュニティのちがいによって、ゲームの大団円のイメージは天地ほども異なる。

数年ぶりに、この街を歩き回ったとき、ぼくは自分がひとつ思いちがいをしていたことに気づいた。それはこの街を「三大宗教の聖地」と思っていたことである。エルサレムについて書かれた本を読むと、かならずといっていいほど、「エルサレムは三大宗教の聖地です」と記されている。そう聞けば、いろいろ問題をはあるけれども、ユダヤ教、キリスト教、イスラム教という三つの一神教が、エルサレムという一つの聖地を分かち合っているというイメージが、そこから浮かんでくる。

それは、まちがいとはいえない。しかし、これは外側から見た無責任な視点である。おそらく、エルサレムに暮らす人たちは、だれもエルサレムが三大宗教の聖地だなどと本気で思ってはいないはずだからである。では、どういうことなのか。

国境での入国手続きを終えてエルサレムに向かうバスを探していたときのことだ。一台のバスの車内にいたパレスチナ人らしき家族連れに、「このバスはエルサレムに行きますか?」と訊《たず》ねた。

すると、一家の父親らしきパレスチナ人がぼくを見ていった。

「このバスはエルサレムには行きませんよ。アル・クドゥスには行きますけどね」

「アル・クドゥス?」

一瞬まごついたものの、すぐに彼のいった意味がわかった。「アル・クドゥス」とは、中世以来、イスラム教徒がこの街を呼びならわしてきた名前なのだ。一方、エルサレムとは、キリスト教徒やユダヤ教徒の呼び名である。イスラム教徒にとっては、この街はあくまでアル・クドゥスであって、エルサレムという街は存在しないのである。

パレスチナ人の父親がいいたかったのは、パレスチナ人の乗るこのバスはエルサレムには行かない。われわれが向かおうとしているのはアル・クドゥスなのだということだった。

なるほど、そう思って気をつけて地名を見てみると、宗教的コミュニティのちがいによって、同じ場所でも別々の呼び名がつけられているのに気づく。たとえば、旧市街のシンボルである丘はガイドブックでは「神殿の丘」となっている。けれども、イスラム教徒はこの丘を、まかりまちがっても神殿の丘などとは呼ばない。というのも、「神殿の丘」とは、その下に古代のユダヤ神殿が埋まっていることから、ユダヤ教徒がつけた名だからである。イスラム教徒にとってこの丘は、預言者ムハンマドが昇天した場所以外の何ものでもない。だから、彼らは、ここを「ハラム・アッシャリフ」（高貴な聖域）と呼ぶ。同様に旧市街周壁の門の名前や、通りの名も、宗派やコミュニティによって別々である。

そう考えると、なぜエルサレムには、ヨーロッパなどの古い街で感じられるような一体感がないのか、わかる気がした。ここの人びとは、一つの聖地を分かち合っているのではない。そうではなく、宗教やコミュニティごとに、それぞれ異なるエルサレムが同じ空間を占めながら、重なって存在しているのである。

つまり、ユダヤ教徒にとってのエルサレムから、イスラム教徒のアル・クドゥスへ行く道は通じていないのだ。それは同じ空間を占めながらも、異なる次元に属している。同様に、アル・クドゥスに住むイスラム教徒にとって、ユダヤ教徒の嘆《なげ》きの壁は存在していないし、嘆きの壁で祈るユダヤ教徒にとっては、丘の上にあるイスラム教徒の礼拝の場アル・アクサ・モスクは存在しない。神殿の丘から、ハラム・アッシャリフへの道も通じていない。エルサレムのややこしさとは、そこにある。

こうしたエルサレムの構造は、世界の成り立ちの縮図《しゅくず》のような気がする。動物には感知されるウォーレス線が、人間にとっては存在しないように、ユダヤ教徒とイスラム教徒、キリスト教徒は、それぞれ別々のエルサレム（またはアル・クドゥス）を見ている。イスラム教徒の見ているものが、ユダヤ教徒には見えないこともあれば、その逆もある。多様な価値観をもった人たちが暮らすときに、そこに生《しょう》じる重層的な世界の構造を、肌で感じられるのがエルサレムという町なのである。

矛盾と対立、誤解と憎悪《ぞうお》にいろどられた、地上でもっとも業《ごう》の深い街。にもかかわらず、日の沈む頃、丘の上から見下ろすこの街には、なにか凄絶《せいぜつ》な美しさがある。ユダヤ教徒にとって神聖な「嘆きの壁」も、イスラム教徒にとって大切な「岩のドーム」も、キリスト教徒にとって世界のへそである聖墳墓《せいふんぼ》教会《きょうかい》も、ぼくには古ぼけた遺物にしか見えなかった。けれども、夕闇に沈んでゆくエルサレム旧市街には、人間の救いがたく深い業をそのまま呑《の》みこんだような狂おしいまでの美しさがあった。そう感じるのは、自分がユダヤ教徒でもイスラム教徒でもキリスト教徒でもない視点から、この街を見ているからかもしれない。だとすれば、それはこの街に住むユダヤ教徒やイスラム教徒やキリスト教徒には、けっして見ることのできない美しさなのかもしれなかった。

# 5 美しいは感じるもの

## 河のほとりの白日夢

アフリカ中央部の熱帯雨林を流れるザイール河（現コンゴ河）を妻といっしょに旅したことがある。旅の起点となった上流のキサンガニという町でのこと、河沿いのでこぼこした赤土の道を歩いていたときだった。草むらから突然、白いスーツの上下を着た男が現れた。目の覚めるような真っ白なスーツに白いシャツ、頭にはハットをのせ、メタルフレームのサングラスをかけ、蝶ネクタイをしている。ファッション誌から抜け出してきたかのような、その伊達《だて》男は草が生い茂る赤土の小道を優雅な足どりで歩いていく。

森と河に抱かれた大自然の只中《ただなか》で、それはあまりにも不思議な光景だった。あっけにとられているうちに、男の姿は遠ざかり、まもなく草むらの中に消えてしまった。いまのは、なんだったのだろう。白日夢を見たかのような気分だった。

それから丸木舟で河を下った。日が傾くと、河沿いの村に上陸してテントを張らせてもらい、翌朝、また舟を漕ぐ。よく地元の人の舟に追い抜かれた。漁師だったり、家族連れだったり、市場へ売りに行くのか舟に魚や動物をのせている人たちもいたりした。

一ヵ月近く舟を漕ぎ続け、疲れも限界に近づいていたころだった。赤道に近い町のそばで、いつものように丸木舟に追い抜かれた。ところが、その漕ぎ手を見て腰を抜かしそうになった。舟の上に立っていたのは真っ赤なスーツ姿の男性だったからだ。

男は優雅に櫂《かい》をあやつり、舟はすべるように進んでいく。深い緑色の水面と森をバックに鮮やかな真っ赤なスーツは非現実的だった。キサンガニの草むらから現れた白いスーツの男を思い出した。舟を漕ぐ赤いスーツの男にしても、キサンガニの白いスーツの男にしても、いったい何者なのか。なんで、あんなかっこうをしているのだろう。だいたい、あっというまに汚れてしまうではないか。どこへ何しに行くのだろう。矢継ぎ早に疑問が浮かんでくるが、丸木舟はみるみる遠ざかり、赤い点となって河の奥へと吸い込まれてしまった。

その後、首都のキンシャサにたどりつき、ライブハウスが軒を連ねる地区にあるホテルで荷を解いた。そこで迎えた週末の夜、あの白日夢のような光景をまたも目にすることになった。

ゴミが散乱する下町の通りに、黒い高級車が乗り入れてくる。見ていると、中からスパンコールのドレスに金髪のかつら、ネックレスやブレスレットなど、さまざま装飾品を身に着けた女性が降り立った。そのあとから、銀色のラメの縁どりのある黒いジャケットに黒い帽子をかぶった男性が、ステッキを手にして、ぴかぴかに磨き上げた先細の革靴で、さっそうと現れた。

男性は女性の手をとると、水たまりのある道をステップを踏むような軽快な足取りで歩いていく。同じように目一杯おしゃれをした男たちが次々と現れる。過剰で芝居がかっていると感じられるほどの、奇抜で突き抜けたおしゃれのセンス。バラックが連なり、あちこちに水たまりのある通りを、ファッションショーのランウェイであるかのようにステッキを手に、エレガントな足取りで歩いていく男たち。

河下りの旅で目にしたおしゃれな男たちと、この都会の伊達男たちとは、同じ匂いがした。彼らはおしゃれを通じて、なんらかのライフスタイルを体現しているのかもしれない。けれども、それがなんなのかを知ることのないまま、キンシャサをあとにした。

## サプールとはなにか？

それから四半世紀近くたった二〇一四年、『世界一服にお金をかける男たち』というテレビのドキュメンタリー番組を見たとき、謎がやっと解けた。

色鮮やかなスーツに身を包んで、でこぼこの小道を粋に闊歩《かっぽ》するアフリカの紳士たち。彼らは「サプール」と呼ばれていた。

場所はコンゴ共和国の首都ブラザビル。ブラザビルはキンシャサとコンゴ河をはさんで対岸の街だが、キンシャサで見た伊達男たちに通じるものが感じられた。別々の国ではあるが、民族的・文化的には共通点が多く、キンシャサにもサプールの文化があると知った。

サプール（Sapeurs）はフランス語で「Société des Ambianceurs et des Personnes Élégantes」（流行の先駆者と優雅な紳士たちの協会）の頭文字をとったSAPE（サップ）にちなんだ言葉だ。その名のとおり、彼らは派手な色使いの高級ブランドのスーツを着て、ファッションショーさながらに街を誇らしげに歩く。

一見すると、ゆとりのあるエグゼクティブのようだが、そうではない。彼らの多くは日雇い労働者やタクシー運転手、電気技師や靴職人、大工、墓掘り人など、ごくふつうの、というより、けっして生活が楽ではない人たちである。彼らは日々こつこつと働いて、数カ月分の給料をつぎ込んで、高価なブランドの服を買う。彼らが買うのは模造品ではない。ヴェルサーチ、アルマーニ、ヨウジヤマモト、ジャンフランコ・フェレ、ロベルト・カヴァリといった有名デザイナーのオリジナルだ。

サプールがだいじにしているのは、その着こなしである。どんなシャツを合わせるか。靴や靴下はどんなものを選ぶか。さらにネクタイ、スカーフ、帽子、パイプ、ステッキにも気を使う。とくにだいじなのは、色使いだ。派手すぎても、地味すぎてもだめで、白をのぞいて、いちどに三色以上は着ない。服がヨーロッパのブランド品だからといって、ヨーロッパの美学をそのまま受け入れているわけではない。自分たちに合った独自のファッションを表現するためにセンスを磨く。

だが、サプールがおしゃれにこだわるのは、高価な服を軽薄に誇示するためではない。外見を美しく見せること以上に、サプールにとって、なにより重要なことは、洗練されたファッションにふさわしい品位あるふるまいである。自尊心、他者に対するやさしさと思いやり、寛容さ、穏やかさ、平和主義、礼儀正しさ、ていねいな言葉遣いなどは、サプールにとって不可欠な美徳とされている。サプールとは、ひとつの生き方であり、哲学なのである。

コンゴ共和国も対岸のコンゴ民主共和国も、長年にわたる紛争、政治の腐敗、貧困といった困難な問題を抱え、庶民の生活はけっして楽ではない。しかし、サプールはそうした状況に萎縮したり、誇りを失って自暴自棄になることなく、目一杯おしゃれして、人生を味わい、誇り高くふるまおうとする人たちなのである。彼らが平和主義なのは、戦争などしていたら、服が汚れてしまうからだ。酒やドラッグに溺れていたら、働けなくなって服が買えなくなってしまうからだ。

ともすれば、生活への希望を失い、酒やドラッグに溺れ、犯罪に走りかねない環境の中で、サプールはコミュニティの若者たちの憧れであり、尊敬の対象であり、希望でもある。貧困や腐敗や戦争といった周囲の状況が、自分の価値を決めるのではない。いかなる状況にあろうと、自尊心をもって、かっこよく、美しく生きることはできる。そのことをサプールは体現している。

## サプールの歴史

サプールは、どのようにして生まれたのだろうか。その歴史は二〇世紀の初頭にまでさかのぼる。当時のフランス領コンゴ（現コンゴ共和国）やベルギー領コンゴ（現コンゴ民主共和国）では、ヨーロッパからやってきた入植者の服装への憧れが生まれた。同時期にヨーロッパに渡ったコンゴの人たちもまたパリの最新の流行に魅了された。

もともとファッションに敏感だったコンゴの人たちは、それを自分たちに合わせてカスタマイズして取り入れた。それは、植民地の文化への追従ではない。むしろ、白人の物質的な豊かさや優越性を見せつけられたコンゴ人たちが、自分たちの尊厳を回復するための対抗手段でもあり、権力への抵抗運動でもあった。

一九六〇年にコンゴ共和国とコンゴ民主共和国が独立すると、ブラザビルやキンシャサのエリート層コンゴ人たちはパリやロンドンへ出かけて、デザイナーズ・ブランドの服を買って帰ってきた。サプールのスタイルを世に広く知らしめたコンゴ民主共和国の国民的な歌手、パパ・ウェンバも、自分のファッションセンスは一九六〇年代、いつもきちんとした洗練された身なりをしていた両親から受け継いだものだと述べ、「白人は服を発明したが、私たちがそれを芸術にした」とコメントしている。

一九七一年、コンゴ民主共和国では国名がザイールに変わり、西欧的な習慣を廃して、アフリカの伝統を回復する「ザイール化」が進められた。服装も伝統的なものが推奨されるようになる。しかし、これに抵抗したのが女性たちだった。彼女たちは当時のモブツ大統領に抗議して、女性版サプールのサプーズ（Sapeuses）という運動を首都のキンシャサで展開した。コンゴ民主共和国でも、一九八〇年代にサプールを公共の場から締め出すという政治的措置が取られたが、のちに撤回され、現在ではサプールは国の「文化遺産」とみなされている。キンシャサのサプーズのコミュニティーも現在までつづいている。それは男性中心の家父長制社会に対する挑戦でもある。いまやコンゴ民主共和国ではサプールの二割を女性が占めているという。

## ステレオタイプに陥らないために

サプールについては、近年、日本でも海外でも写真展が開かれたり、テレビで紹介されたりもしている。しかし、一方で気をつけなくてはならないのは、「貧しくても、とびっきりおしゃれな、平和を愛するダンディな男たち」といったイメージがひとり歩きしてしまうことだ。「貧しいけれど、明るく、人生をたのしんで生きている」といったアフリカの人たちに対するステレオタイプな見方は昔から存在している。じつは、サプールが人気を集めたのは、そのような古典的なステレオタイプをあてはめやすかったから、という理由もあったからかもしれない。だが、いうまでもないが、アフリカ人がみなサプールのような人たちなわけではない。

お金がなくても、ファッションに人生をかけて、その日その日を思いきり楽しむ。それは一見彼らに対して好意的な見方のように思える。しかし、その視点からしか彼らを見なければ、彼らを取り巻いている現実的な困難がどのようなものなのか、ということには目が行かなくなってしまう。それは行きすぎれば、「彼らは貧困でもだいじょうぶなのだ。だから貧困を解決する必要はないのだ」という乱暴な偏見や差別にもつながりかねない。

二〇一六年に日本でサプールの写真展が開かれたとき、会場のボードに「コンゴ共和国の平均月収は二万五〇〇〇円、約三割の人が一日一三〇円以下で暮らしている」と書いてあった。だが、都市生活者と、それより数の多い農村部の人たちの収入といっしょにして出された平均を、個々の人びとの生活水準を測る尺度に使うのには無理がある。貧困という社会問題が存在するのはたしかだが、人それぞれの経済的な事情はちがう。そこに一律に「平均月収は二万五〇〇〇円」といったリアリティのない平均値をあてはめてしまうと、彼らが個別に抱える困難が見えなくなってしまう。

サプールという生き方があるからといって、都市生活者のほとんどは彼らのように生きているわけでも、生きられるわけでもない。犯罪や暴力、腐敗や賄賂の横行といった粋やダンディズムとはほど遠い現実があるからこそ、志をもってサプールのような生き方をするひとたちが眩しく見える。

サプールという生き方を知ることが、ステレオタイプの強化ではなく、彼らをとりまいている過酷な現実や、抜きさしならない状況の中にありながら、粋に、誇り高く、美しく生きようとすることのすばらしさを、より深く理解するきっかけになればと思う。

もうひとつ、サプールの生き方にふれて思ったことがある。キサンガニで白いスーツの男を見たとき、びっくりしたとともに、あんな真っ白なスーツ、ここではすぐに汚れてしまうのではないかと心配になった。地面はでこぼこだし、水たまりやぬかるんでいるところもたくさんある。だから、ぼくたちは汚れてもかまわないようなTシャツや短パン姿で旅をしていた。ここでおしゃれするなんて考えもしなかった。

だが、それは偏見だった。「ここはおしゃれするような場所ではない」というのは、そこに暮らしている人たちへの差別にほかならない。おしゃれをするとは、自分を飾り立てることではなく、自尊

(photo : SAP CHANO)

心と誇りをもって生きることだ。それを否定する権利はだれにもない。

河下りをしていたとき、泊めてもらった小さな村で、妻が村の女性に「香水をもってないか」と聞かれた。日焼け止めくらいしか、コスメの類は持っていなかったし、ジャングルの中で香水をつけるという発想はなかったので、妻はとてもびっくりしたという。

けれども、それもまた思い込みだった。パリだって一九世紀末までは下水道もなく、汚水は道路に垂れ流され、汚物もそのままセーヌ河に流していた。それでもパリはファッションの都だった。

どんな場所であろうと、どんな環境であろうと、おしゃれをしていけないなんてことはない。「ここはおしゃれをするような場所ではない」と決めつけることなど、だれにもできない。高価な服が汚れるのが心配なら、汚れないように、品よく、ていねいにふるまえばいい。喧嘩をしたり、飲みすぎたりという、服が汚れるようなことをしなければいい。それだけのことだ。どこにいようと、人には美しくあろうとする権利、誇り高く生きようとする権利がある。

## 島々をめぐる腕輪と首飾り

ニューギニアの東海上に散らばるトロブリアンド諸島には「クラ」と呼ばれる独特の儀礼的交易がある。一般的に、交易というと、野菜と魚を交換するなどの物々交換や、お金で商品を買うような現金取引が思い浮かぶ。だが、クラはちがう。そこでやりとりされるのは、ソウラヴァと呼ばれる赤い貝の首飾りと、ムワリと呼ばれる白い貝の腕輪だ。これらはクラ交易をする人たちにとって、特別な価値をもつ財宝（ヴァイグア）である。

ソウラヴァにもムワリにも多くの種類がある。ソウラヴァはウミギクやウグイスガイなどの殻を円盤状にして、赤いビーズや子安貝などで装飾を施したもの。ムワリはイモガイなどの巻き貝の先端を折って腕輪状にしたもので、やはりビーズなどで装飾がなされている。デザインやサイズは一つ一つ異なり、それぞれ固有の名前がついている。中には伝説的な逸品とされているものもある。しかし、いずれも実用性はなく、日常の装身具として用いられることもない。

この二種類の財宝を諸島の数十の島同士で交換し合うのがクラである。だが、直接交換されるわけではない。ソウラヴァは何年かごとに時計回りに海を渡って隣の島へと贈られ、ムワリは反対回りに隣の島へと贈られていく。交易の仕方には細かい取り決めがある。そのひとつは受け取る側の島の人たちが、ソウラヴァやムワリを持っている島まで取りに行かねばならないことだ。各島では船団を仕立てて大人数で隣の島へと向かう。相手の島にはクラパートナーがいる。集団で出かけても取引交渉はそれぞれのクラパートナーと一対一で行なう。取引といっても金銭的な授受があるわけではない。交渉したり、相手をなだめすかしたりして、最終的には贈与される。

こうして受け取った財宝だが、長期にわたって保有することはできない。短ければ数ヵ月から一年、長くても十年以内に、隣の島からやってくるクラパートナーに贈与しなければならない。それぞれの島は一時的に財宝を保管して、何年かしたら隣の島へと受け渡す。一定期間預かってはまた次へと渡すという仕組みは、高校野球大会の優勝旗にも似ている。それを島同士で延々とくりかえすのがクラである。隣の島に贈った財宝が、まわりまわってふたたび自分の島にやってくるまでには十年以上かかることもある。

だが、島と島の間で首飾りと腕輪を循環させるだけの、この謎めいた慣習に、いったい、どういう意味があるのか。

いまから一〇〇年以上前、クラについて本格的な調査を行なったイギリスの人類学者マリノフスキーは書いている。「クラは……一見、平凡で退屈にさえみえるかもしれない。これはがんらい装飾用に作られながらも、けっして日常の装飾としては用いられない二つの品物を、無限にくりかえして交換することにつきる」(『西太平洋の遠洋航海者』)

マリノフスキーは、一見退屈で無意味に思えるクラには重要な社会的機能があることを明らかにしている。クラをするおかげで、言語も異なる島同士の間での人的交流が生まれ、歴史や物語が共有され、ひいてはそれが地域の平和や社会秩序の安定につながる。また、何日もかけて船団で航海することから島の人びと同士の絆も強まり、航海中の武勇伝や交渉での緊迫したエピソードは村での語りぐさになる。クラに参加することは自尊心を高め、そこで多くの財宝を得たものはヒーローとして子どもたちの憧れや目標になる。クラは、通常の需要と供給を満たす交換とはちがう。無意味なものを無意味にぐるぐるまわしているように見えながら、そこには多くの豊かな社会的価値が創出されている。マリノフスキーの報告は、等価交換を基本としていた当時の経済学の常識をくつがえすインパクトをもたらしたのである。

## べたべたした貝のビーズのひも

ただし、マリノフスキーはクラの社会的重要性は認めながらも、クラの財宝であるソウラヴァやムワリそのものについては手厳しい。「その一人が私に、長い紐を通した細い赤い物と、使い古された大きな白い物体を見せてくれる。どちらも見ぐるしく、さわるとべたべたしている。うやうやしく彼はそれらの名前を言い、いつだれがそれを身につけたか、どのように所有者が転々と変わってきたか、それを一時的に所有することが、どれほど重要な地位のしるしであり、村の栄光であるかなどという歴史を語りたがる」

ほかにも「意味のない、まったく無用な品物」「実用には向かないぶざまな品物」「きたならしい、油ぎった、みすぼらしい外観の原住民の装身具」など、よほどクラの財宝を嫌悪していたかのような描写も散見される。

マリノフスキーの調査からおよそ半世紀後の一九七一年、同じくトロブリアンド諸島でクラ交易の船団に同行して、その映像化を実現した映像ディレクターの市岡康子氏も、次のように書いている。「彼らが逸品と憧れるバギ（首飾り）にしたところで、積年の手垢でべたべたした貝のビーズのひもにすぎません。……個々の区別は難しく、四、五〇本も一緒にあれば、コライワタガヨとデリメヤナ（注・首飾りの名前）の違いなど、彼ら自身でさえ判別できません。……あるバギが逸品であるかどうかは一種の約束事であって、絶対的な価値ではないように思えます」（『ＫＵＬＡ　貝の首飾りを探して南海をゆく』）

今日、ソウラヴァやムワリの画像はネットでかんたんに見られるし、国立民族学博物館では実物を目にすることもできる。たしかに、物によっては土産物の貝細工のように見えなくもない。しかし、市岡氏の制作したドキュメンタリー作品『クラ　西太平洋の遠洋航海者たち』（一九七一）を観ると、その「べたべたした貝のビーズのひも」に島の人たちが抱く憧れや賛嘆が伝わってくる。財宝を受け取るために、命を危険にさらして荒れる外洋に小さな木造カヌーで乗り出していく姿は、モノの価値が外見や、目に見えるものだけでは測れないことがわかる。

## 物語と記憶の魔力

「美しい」ということについても同様だ。あるものが「美しい」かどうかは対象の見た目だけで決まるわけではない。美しいと感じているとき、自分の中でなにが起きているのか。注意深く観察してみると、なにかの対象をつうじて、自分が大きなものにつながっているという帰属感、価値のある役割を担っているという自尊心、自分がいまここにいることへの幸福感や肯定感など、自分の中で呼び覚まされている感情がある。それを呼び起こすのは対象の外見ではなく、そこに込められた記憶や物語のほうだ。

クラでは、島から島へと海を渡って首飾りと腕輪が循環する過程で、多くの物語が生まれ、その記憶は参加したメンバーやクラパートナーと共有される。クラをとおしてメンバーは他者とつながり、自分のコミュニティへの帰属意識を新たにし、自分の果たすべき役割を自覚する。ソウラヴァやムワリは、そのような思いをかきたてるアイテムだからこそ特別なのではないか。高校野球大会の目的が優勝旗ではなく、あくまで大会で勝ち進んで優勝することであるように、クラの目的は航海と交易にあり、ソウラヴァやムワリは、その栄誉の記念品だともいえる。

優勝旗につけられた優勝校名の記されたリボンの数が時を重ねるほどに増えていくように、ソウラヴァやムワリも循環をくりかえすほど多くの物語に彩られ、人を魅了する魔力も増大していく。「べたべたした貝のビーズのひも」が、彼らの目には憧れをかきたてるすばらしい宝物に見えたとしても不思議はない。

だが、だからといって、彼らの首飾りや腕輪は美しいと安易に感情移入すべきでもないだろう。文化や物語を共有していない者に、それらが「べたべたした貝のビーズのひも」にしか見えないのは当然だ。共感とは、相手と同じ気持ちになることではない。相手が感じている世界はけっしてわからないことを認めたうえで、それを相手が大切に感じていることは認める。そして、どのような物語や記憶が、それを大切なものと感じさせているのかに関心をもつ。それが共感ではないだろうか。

## 自分の畑でつくったヤムイモは自分のものではない

マリノフスキーの調査から百年以上たって、現在、クラはどうなっているのだろうか。一九七一年にクラの映像を撮影した市岡氏は、それから二七年後の一九九八年に取材した村を再訪した。市岡氏によると、クラはまだ行なわれていたが、カヌーづくりの職人がいなくなって外洋カヌーが減ったり、エンジン船をチャーターするために現金が必要になったりと大きな変化を遂げていたという。

それからさらに二〇年近くたった二〇一五年、ＢＢＣ制作の「Hunters of the South Seas」というドキュメント番組で、イギリスの冒険作家ウィル・ミラードがトロブリアンド諸島のキリウィナ島を訪れ、クラについてレポートしている。それによると、一九九〇年代後半頃から同地域では貨幣経済化が急速に進み、現金収入を求めて多くの若者が村を離れ、畑は人手不足で荒廃し、クラ航海に必要な食糧の確保もむずかしくなった。島の人たちは現金を得るため、観光客を乗せた大型フェリーがやってくると、伝統的な衣装を身に着け、白いタカラガイや細かい彫刻で飾られたカヌーに乗って彼らを出迎え、踊りを見せたり、彫刻を売ったりしている。

それでもクラは細々と続けられている。資本主義経済の流入でクラパートナー同士のつながりが疎遠になったり、途絶えたりする一方、お金の流れから取りこぼされてしまった離島では、クラは島民のセーフティネットの役割を果たしてきた。番組の中で、ある離島の男は語っている。「もし、物がなくなってしまっても、クラパートナーのところへ行けば、もらうことができる。お金も、服も、斧も、ブタも、すべてはクラによってもたらされる。クラがなければ、金持ちだけが残り、われわれは生き残れなかっただろう。われわれのような庶民が生き延びてこられたのは、ひとえにクラのおかげだ」

トロブリアンド諸島の男は、自分の畑でつくったヤムイモを自分のものと考えない。そんなことは考えただけでも恥ずかしいという感覚がある。母系社会のこの島では、自分の畑でつくったヤムイモは姪や姉妹らの配偶者に贈り、自分は妻の兄弟やおじからヤムイモを贈られる。ヤムイモは、だれかに贈るためにつくるものなのである。この〈贈る－贈られる〉という互酬関係が、ここの人びとの暮らしを支え、人間関係のベースとなり、生きがいとなってきた。その象徴がクラだ。

貨幣経済はそうした関係性を切断する。自分の畑でつくったヤムイモは自分のもの、自分で稼いだお金は自分のもの、人のヤムイモを手に入れるにはお金を払わなくてはならないという考え方へと、いやおうなくシフトさせようとする。それは資本主義社会に生まれ育った者には当然に思われる。だが、それが人と人、人と物との唯一の関係性ではない。

クラはこれからも形を変えて続いていくかもしれない。その変容の過程で、憧れと賛嘆の対象だったソウラヴァやムワリが、その輝きを失って、島の人たちにとっても、手垢でべたべたした貝細工の土産物にしか見えなくなってしまうことがないようにと願わずにはいられない。

## 感じることができないＡＩ

生成ＡＩの登場は、ＩＴの世界にとって革命だった。大規模言語モデルと呼ばれる複雑な言語処理システムが開発されたことによって、文章による命令によって、コンピューターが膨大な学習データの中から、命令や質問に応じた自然な回答を引き出すことができるようになった。

文章だけではなく、画像や音楽や小説までもが、生成ＡＩへの命令によって簡単に、しかも大量に生み出せる。たとえば、レンブラントの作品をＡＩに学習させて、肖像画を描くように指示すれば、みごとなまでにレンブラント風の絵がすぐできあがる。ビートルズの曲を学習させたＡＩによるビートルズ風の曲もネット上で聞くことができる。メロディーラインやコード進行が、いわれてみるとたしかにビートルズっぽい。

苦労して時間をかけて作った作品よりも、生成ＡＩを使って作った作品のほうが評価されるケースもある。二〇一八年には世界的なオークションハウスのクリスティーズで、パリのアーティスト集団がＡＩを使って描いた肖像画が約四三万ドルで落札された。二〇二二年には、アメリカで画像生成ＡＩを用いて描いた作品が州の絵画コンテストで優勝した。日本でもＡＩで書かれた短い小説が文学賞を受賞している。

とはいえ、ＡＩがアートを創作する能力を獲得したわけではない。ＡＩは感覚器官や感情をもたない。そのため、人間のように「美しい」と感じることはできない。それでもＡＩがアートの創作を行なえるのは、膨大なデータを学習し、それらを分析して、再構築することができるからである。

絵画などの視覚芸術であれば、求められている条件に合った過去の膨大な絵画の形態の特徴、色のバランス、対称性、比率などを分析して構成する。音楽であれば、過去の作品のハーモニーやリズム、メロディーのパターンを分析して、条件を満たす作品を構成する。

それは人間のアーティストもある程度行なっていることだ。しかし、人間のアーティストが影響を受けているのは、過去の作品のパターンや組み合わせだけではない。その人間が生きている時代や社会や文化、それに個人的な経験などを抜きにして創作活動はありえない。「美しい」という感じ方もまた、時代や社会や文化の影響をつよく受けて変化してきた。

それまで美しいと思われていなかったものが、美しいと見なされるようになり、それが陳腐化すると、また新たな美しさが見出される。人間は、既成の「美しい」という感覚を問い直し、更新することによって、新たな「美しい」を見出してきた。「美しい」という感じ方は、つねに「美しさとはなにか」を再定義する試みとつながっている。

## AIはピカソを生み出せたか？

ＡＩは、過去の作品を学習させて、その作風に沿った作品を作り出すのは得意だ。対称性や黄金比のように数値化された美しさの基準にもとづいて、美しいものを探したり、作ったりするのもお安い御用だろう。しかし、いままでになかった新しい美しさをＡＩが生み出すことはできるのだろうか。仮に、生成ＡＩが二〇世紀初頭にあったとして、キュビスムが誕生する以前にピカソのような画風を生み出すことはできただろうか。

これについて、生成ＡＩのChatGPTに質問してみたところ、次のような回答が返ってきた。

> ピカソやキュビスムがまだ登場していない時代にピカソのような画風を生み出すことはむずかしかったでしょう。以下の理由からです。

1　データの制約

生成ＡＩは、与えられたデータに基づいて学習し、そのデータの範囲内で創造的な表現を行ないます。ピカソやキュビスムがまだ登場していない時代では、そのようなスタイルに似た絵画が存在しないため、ＡＩがそれを学習することは不可能です。つまり、ピカソ以前の時代には、ＡＩが参考にするデータが不足していたということです。

2　芸術の進化と文化的コンテキスト

ピカソのキュビスムは、特定の歴史的・文化的文脈の中で発展しました。彼の作品は、印象派やポスト印象派、アフリカの彫刻など、さまざまな芸術的影響を受けて進化しました。これらの要素がなければ、ＡＩもキュビスムのような芸術運動を自発的に創造することはできないでしょう。

3　人間の独創性とコンセプトの必要性

ピカソの革新性は、単に技術的なスタイルの進化だけではなく、芸術の意味や表現方法に対する根本的な再定義にも基づいていました。ＡＩが仮に技術的な絵画スタイルを模倣できたとしても、人間のように芸術のコンセプトや哲学的意図を理解し、それを独創的に表現する能力は限られています。

生成ＡＩがピカソのような画風を生み出すには、技術的な模倣以上のものが必要となる。ＡＩの回答にあるように、ピカソのキュビスムは、特定の歴史的・文化的文脈の中で発展してきた。そのひとつのきっかけは民族学調査などをつうじてパリに持ち込まれたアフリカの彫刻だった。ピカソはそれらを見て、そこに西洋の美術にはない力強さや生命力や大胆な抽象性を見出し、その要素を作品にとりいれることで新しい造形表現の道を開いた。

しかし、過去のデータの中にしか美しいという手がかりを見出せないＡＩは、アフリカの彫刻の力強さや生命力を見出すことはできなかっただろう。それまでのデータで「美しい」と見なされていなかったものを「美しい」と感じる感性がなくては新しい美しさは創出できない。それは感情をもった人間だからこそできることなのである。

## 人にはなぜ感情があるのか？

「美しい」という感じ方は、人間が感情をもっているからこそありうる心の動きだ。ＡＩも感情をシミュレートして、あたかも感情が存在するかのようにふるまうことはできる。しかし、そのことと実際に「感じている」ことの間には埋めることのできない隔たりがある。

人間にはなぜ感情があるのか。ごく簡単にいえば、それが生きるうえで役に立つからだ。危機のときには「恐怖」や「怒り」という感情が発動され、逃げたり、戦ったりする準備がととのう。家族や親しい仲間と会うと、「うれしい」という感情が発動して、相手に対する警戒心が解かれ、同胞との絆が強まる。大切な人や物を失ったときは「悲しい」という感情が発動して、落ち込んだり、涙を流したりして、身体の緊張がゆるむのを待つ。

それぞれの感情は、それに応じたすみやかな行動をとることを自分や他人に促し、それによって、人は身を守り、仲間との同胞意識を強めてきた。感情は、身体を持った個人が、生命を脅かす危険に抗して生きのびる確率を上げるために、進化の中で組み込まれたメカニズムといえる。

おそらく「美しい」という感情も、生きるうえで役に立っている。美しいと感じているとき、当人は安らぎ、善意、感謝、畏敬、調和の感覚、高揚感など、生命を賦活《ふかつ》させる心的状態の中にある。それは恐怖や猜疑心や怒りや不安といった生命の危うさを知らせる感情とは対照的に、いまここにいることへの肯定感をもたらす。それが苦悩をやわらげ、生存の確率を上げるうえで役立ったからこそ、今日までも受け継がれてきたのだろう。

感情は、人間が身体をもち、身体と不可分の自己意識をもち、「いずれはかならず死ぬ」という有限の生を意識していることと切り離しては存在しえない。人間は感情がなければ生きられない。人間にとって「生きている」という実感は、感情と強く結びついている。それゆえ、身体を持たず、自己意識をもたず、死ぬこともなければ、死を意識することもないＡＩが感情を持つ必然性はない。

ただ、ＡＩのテクノロジーは日進月歩だ。感じることはできなくても、感情のパターンを精密にシミュレートする技術はますます進むだろう。人の行動は感情が動かされることによって促されるが、仕事や人間関係においては、感情の直接的な表出ははばかられることが多い。理性的にやりとりをするほうが、物事は円滑に進む。その意味では、感情を交えずに作業を行なえるＡＩが、人間の仕事に大きく入り込んでくるのは自然なことだともいえる。

だが、人間から感情を切り離すことはできない。人間がいまだ解決できずにいる難題の一つは、感情の制御である。効率や生産性を重視する現代において、感情は慢性的に抑圧されざるをえない。だが、抑圧されすぎた感情はときに爆発して、自分や他者をとりかえしつかないほど傷つける。

その感情エネルギーの建設的な発散方法のひとつが創作や表現である（もっとも破壊的な発散方法は戦争かもしれない）。芸術や美術を意味する「アート」という言葉には技術や技巧という意味もある。それは自分の中に込み上げてくる処理しきれない感情を創造のエネルギーに変換し、作品や表現として、安全に外に出すための技術ともいえる。アートが人の心を動かすのは、そこに込められた感情のエネルギーが、見る者の感情に影響を及ぼすからである。人間はどこまでも感情の生き物なのである。

## ＡＩは人間を知るための鏡

生成ＡＩを使ったことのある人なら経験があるかもしれないが、ＡＩが明らかに事実とはちがう回答をすることがある。たとえば、「〇〇という人物について教えてください」と聞くと、ＡＩはいかにも理路整然とした回答をするのだが、その内容が事実と大きく異なる場合がある。どうして、こんなことが起きるのだろう。ＡＩは嘘をつくのだろうか。

だが、嘘をついているわけではないらしい。現段階の生成ＡＩは、文脈に基づいて自然な言葉を生成するよう設計されている。だが、かならずしも事実確認を行なうわけではない。学習したデータにもとづき、会話の流れに沿って話題を途切れさせないように推測を行ない、一貫性のある返答を生成するのである。そこでは「正しさ」よりも「もっともらしさ」が優先される。そのため、事実とは関係のない事柄を組み合わせて、夢でも見ているかのような架空の話を作り上げるのである。

生成ＡＩが作り出すこのような応答は、人間が脳内でつくりだす夢や幻覚になぞらえられて、「ハルシネーション」(幻覚)と呼ばれている。ハルシネーションは画像を生成する際にも起きる。人体のプロポーションが変だったり、指の数や腕の付き方が不自然だったり、人間の目からすると、明らかに違和感があったり、ありえないと感じられる画像が生成される場合がある。

ハルシネーションが起きるのは、ＡＩが学習したデータが不足している場合である。だが、学習データの中には、人間ならだれでも自然に理解していることは含まれていないことがある。たとえば、人間が火の中では生きられないことはわざわざ言語化するまでもないが、ＡＩが理解しているとはかぎらない。また、料理のレシピなどにおける「目分量で」とか「適当なところで」とか「そこは様子見しながら」というのも、ＡＩにはわかりづらい。

人間にとっては、あたりまえで、わざわざ言語化したり、データ化したりするまでもないことが、ＡＩにとってはそうではない。データとは、あくまで人間が意識化し、言語化した情報である。意識化されていない情報をＡＩは扱えない。ＡＩがときとして人間にはけっして思いつかない斬新な発想や、人間であればけっして犯さない誤りを生成するのは、人間が意識していない共通の了解事項を

ＡＩが理解していないために起きる。ＡＩをつうじて、われわれは自分たちが無意識に前提としていることに、あらためて気づかされる。その意味で、ＡＩは人間が自分自身を知るための鏡なのだ。

## ＡＩが生み出す美の基準とは？

生成ＡＩが登場してからオンライン・コンテンツの多くがＡＩによって生成されるようになっている。近い将来、デジタル・コンテンツのほとんどがＡＩによるものになるだろうとの予測もある。オンライン上には、映画やアニメのキャラクター、ＣＭのモデルなど、ＡＩによって生成されたバーチャルな人物画像があふれている。男女ともに、美しくて、スタイルもよく、若々しく、魅力的に映る完璧に近い風貌のキャラクターばかりである。

フィクションではあるものの、きわめてリアルなそれらの「美しい」人物像を、われわれはオンライン上で日常的に目にしている。スマートフォンのカメラには肌を美しくしたり、目を大きくしたりするＡＩによる修正機能が標準搭載されている。こうした風潮は、われわれになんらかの影響を及ぼすのだろうか。

まさにこのテーマについて、ボディケア、ヘアケア製品の大手メーカーの「ダヴ」（Dove）が「美の実状」（The Real State of Beauty: A Global Report, 2024）という研究レポートをオンライン上に公開している。世界二〇カ国、三万三千人以上からの回答をもとにした、身体と美についてのさまざまなトピックについてのレポートである。

この中に、「歪められたリアリティー、ＡＩと〈完璧さ〉を達成しようとする圧力」という章があり、インスタグラムなど視覚型のソーシャルメディアや生成ＡＩが、女性ユーザーの身体認識に及ぼす影響について論じられている。

それによると、視覚型のソーシャルメディアの普及によって、「デジタル時代以前にくらべて、現実からかけ離れた美の基準が生み出された」という。ほとんどの人たちは、オンライン上の画像や動画の多くが修正されていることは認識している。にもかかわらず、その達成不可能な外見の理想を実現しなくてはならないという前例のないプレッシャーを女性の五人に二人が抱えているという。人工的に歪曲された容姿の基準が、内面化されてしまっているのである。それが自分の身体に対する自信と自尊心を損なっている可能性があるとレポートは指摘する。

同じく「ダヴ」がYouTube上に公開している動画がある（The Code | A Dove Film | Dove Self-Esteem Project）。若い黒人女性が、生成ＡＩに「ゴージャスな女性」の画像を出してと命ずる。すると、金髪の若い白人女性の画像が生成される。次に「完璧な肌」の画像をリクエストすると、しみひとつない青い瞳の黒人の少女が生成される。「世界でもっとも美しい女性」の画像をリクエストすると、青い目に軽いウェーブのかかった金髪の髪をなびかせ、胸元をはだけた白人女性の画像が生成される。これらは実際に生成ＡＩを用いて行なわれたものだという。

## AIにていねいに話しかけよう

先ほど、AIは人間が自分自身を知るための鏡だと述べた。われわれが無意識に前提としていることをAIは可視化する。AIが「美しい女性」というイメージを自動的に金髪のスリムな若い白人女性と結びつけるとき、そこには人間の「美しさ」に対する無意識的な偏見や差別意識が反映されている。しかし、現実には世界にはさまざまな肌の色が存在し、それぞれの美しさがある。年齢を重ねれば肌の状態も体型も変化する。それぞれのステージに応じた美しさを見出し、受け入れることが、自尊心につながる。

AIが扱う膨大なデータは、かならずしもニュートラルなものではない。そこには人間の無意識的な偏見、バイアス、差別意識、固定観念などが色濃く反映されている。AIにまつわるイデオロギーを研究しているミシガン大学のヤーデン・カッツは、AIを、「白人性のテクノロジーと見なすべき」で、「白人至上主義の目的に資するのみならず、イデオロギーとしての白人性を反映したツール」であると述べている。

カッツによれば、もともとAIは、一九五〇年代に、米国の白人を中心とした軍産複合体によって研究がはじまり、「資本主義的なビジョン」「収奪や土地の集積の正当化」「大量投獄と監視」などの推進のために開発が進められてきた。そこでしばしば用いられてきた言説に、AIは「奴隷労働」から人びとを「解放」するツールであるというものがある。それは一見、人間にとって望ましいものという印象を与える。しかし、そこには奴隷労働を機械で置き換えることによって資本主義をいっそう推進しようという意図がある。また、かつて被征服民族や黒人が担っていた奴隷という役割そのものを否定しているわけではない。

「奴隷」という言葉そのものが、ジェンダーや人種差別的な意味合いを含んでいるように、ＡＩには無意識化された「白人性」がつきまとっている。顔認識ＡＩが白人に比べて、黒人や東洋人の顔の識別の精度が低くなるケースは実際に報告されている。また、実際の犯罪率とは関係なく、黒人が疑わしいという偏見が広まっていると、ＡＩはその「犯罪者っぽさ」を学習して、黒人が犯罪者である可能性が高いという偏見を再生産してしまう。

そうならないようにするためには、データの中立性のチェックやアルゴリズムの改善は不可欠だが、それ以上に重要なことは、われわれ自身が無意識に抱えている偏見や差別意識に気づくことである。ＡＩというテクノロジーそのものが抱える「白人性」というバイアス、そして、われわれ自身がその偏見の再生産に加担しない。そのことを心がけてＡＩとつきあうならば、ＡＩは、人間が自分自身を探るうえで力強いパートナーとなるのではないか。

具体的にどうすればいいのか。一言ではいえないが、すぐにできることが一つある。それは生成ＡＩに問いを投げかけるとき、ていねいに話しかけることだ。「これをしろ」ではなく「こうしてください」という。「これはなんだ」ではなく、「これはなんですか」と、ていねいに聞く。

そこにどんな意味があるのかと思われるかもしれない。事実、言葉遣いをていねいにしたからといって返答に変化があるかどうかは疑問だ。それでも、そこに意味があると思うのは、ＡＩの「白人性」を象徴する言説の一つが、AIを「奴隷労働」の担い手と位置づけることだったからだ。「奴隷」として見るとは、相手を人間と見なさないことだ。もちろん、AIは人間ではないけれど、社会における偏見や差別意識もまた相手を人間と見なさないことから生まれる。

ていねいな言葉遣いをするとは、相手を「奴隷」や「道具」と見なさないことだ。たとえ、生命をもたないAIであっても、ていねいに接することによって、われわれが無意識に抱えている内面の偏見や差別意識という癖と距離を置くことができるのではないか。AIに「美しい」がわかるかどうかは疑問だが、少なくとも、ていねいさをつうじて、われわれ自身は「美しい」に近づくことはできるのではないだろうか。

## 「ああ、きみはここにいたのか」

「美しい」とは経験である。燃えるような夕映えだろうと、花の咲き誇る高原だろうと、名画や名曲とされている芸術作品だろうと、なにも感じなかったら、それはあなたにとって「美しい」ものではない。

逆に、朽ち果てた廃屋だろうと、枯れて萎れた草だろうと、あるいは居酒屋の外に漏れてくる調子外れの戯れ歌だろうと、それがしみじみと心に響き、魂を奪われるような経験をもたらしたのなら、それはあなたにとって「美しい」ものだ。

「美しい」とは、世界とあなたとの関係性の中で生じる経験だ。恋をしたときには、目に入る光が、いつもより眩しく感じられたり、落ち込んでいるときには、降りしきる雨が自分の心の奥にまで吹き込んでくるように感じられたりすることもある。

つまり、美しいとは感じ方の中にある。美術館に行ったからといって、あるいは自然の中に分け入ったからといって、そこに美しいものがあるわけではない。展示されている作品や、自然の中の風景に目をとめて感情を揺さぶられたとき、初めてその人の前に「美しい」ものが立ち現れるのである。

それはどんなときだろう。

マダガスカルを旅していたとき、こんなことがあった。悪路のつづく島の北東部の海岸沿いを乗り合いの四輪駆動車で走っていた。道路はたくさんの川に寸断され、なんどか車ごと筏にのせて対岸に渡った。ところが、浜辺にさしかかったとき向こう岸に渡るための筏が使えず、立ち往生を余儀なくされた。

まわりには木々もなく砂州と川だけ。照りつける陽射しを避ける日陰もない。砂の上にうずくまって、ひたすら待つしかなかった。ところが、半日近く待っても状況は変わらず、苛立ちと不安がつのってくる。それでも地元の人たちは、こういうことに慣れているのか、やきもきする様子もなく、車の陰に身を寄せ合って、くつろいでいる。それを見ているうちに、自分もだんだん、なるようになれという気持ちになってきた。

そのとき、風の音にまじって潮騒が聞こえてきた。砂丘の向こうは海なのかと目を上げると、砂丘の稜線が白く光り、空には真っ白な雲が湧き上がっていた。なんて美しいんだろう。こんなに広々とした美しいところに自分はいたのか。初めて、自分がいる風景がこのうえなく美しい場所だったと気がついた。

それまでずっとここにいたのに、早く脱出したいなとか、今日中に目的地までたどり着けないと困るとか、昨日のうちに出発すればよかったとか、食事はどうしよう、といった苛立ちや焦りが心を占めていた。風景など感じているゆとりがなかった。

ところが、そうした思いをあきらめたとき、それまで気づきもしなかった、ここに広がる〈いま〉が思いもよらぬ鮮やかさで迫ってきた。過去や未来をめぐる思いから心が解き放たれたとき、ずっとそこにあったはずの空や雲や潮騒が、とほうもなく味わい深いものとして感覚に沁み入ってきた。

「ああ、きみはここにいたのか」と思わず、つぶやきたくなるほどだった。

## 岡潔と「情緒」

日本を代表する数学者であり思想家でもあった岡潔（一九〇一〜一九七八）は、人間にとってなにより大切な感性は「情緒」であるといった。情緒こそが伝統的な日本文化の土台をなしてきたし、数学の研究も理性だけではできず、情緒がなくては成り立たないとまで述べている。

岡は代表作の随筆「春宵十話」の冒頭にこう記している。

「人の中心は情緒である。情緒には民族の違いによっていろいろな色調のものがある。たとえば、春の野にさまざまな色どりの草花があるようなものである……数学とはどういうものかというと、自らの情緒を外に表現することによって作り出す学問芸術の一つ」

また、「よく人から数学をやって何になるのかと聞かれるが、私は春の野に咲くスミレはただスミレらしく咲いているだけでいいと思っている。咲くことがどんなによいことであろうとなかろうと、それはスミレのあずかり知らないことだ。咲いているのといないのとではおのずから違うというだけのことである」とも書いている。

一読すると、煙に巻かれたような気がする。

辞書で「情緒」と引くと「物事に触れて起こるさまざまな感情や味わい」とされているが、岡のいう「情緒」には、より独特のニュアンスが込められている。

岡はたとえば、こんなふうに述べている。高校の定期試験の成績が不出来でくよくよしていたが「ある朝、庭を見ていると。白っぽくなった土の上に早春の日が当たって春めいた気分があふれていた。これを見ているうちに、すんだことはどうだって構わないと思い直し、ひどくうれしくなったことを覚えている」

この一節を読んだとき、マダガスカルの浜辺での経験を思い出した。あのとき感じたのも、まさにそんな胸の高まりだった、と。

岡のいう「情緒」とは、いうなればスミレが咲いているのを目にしたとき、それを美しいと感じられる心のあり方だ。べつのいい方をするなら、自然にふれて「いいな」と思える感性といえるかもしれない。「なんだそんなことか」と思われるかもしれない。だが、「そんなこと」が、どれほどできているだろうか。

考えに囚われていると、空を見ても、雲を見ても、花を見ても、なにも感じないし、そもそも目にしていながら見ていないことが少なくない。たとえ、見たとしても、「この花はスミレだ」とわかると、もう関心を失ったり、バラのほうがずっときれいだとか、こんな色のスカーフがほしいと考えたりしてしまう。理性や知識をとおしてスミレを見ることはあっても、目の前のスミレそのものとの出会いを、かけがえのない一期一会との経験として味わうことが、どれほどあるだろう。

自然にふれて「いいな」と感じる、そのことを頭で理解するのはむずかしくないだろう。しかし、岡はそれこそが「人の中心」でなくてはならないという。試験がうまくいかなかったとか、いつ出発できるかわからないといった自分の都合や考えがどれほど由々しく深刻に思えても、それをさておいて、まず目の前のスミレを「いいな」と感じられる。それを岡は直観と呼ぶ。その直観が理性や知識に先んじて、だいじにされる。そんな社会と人間のあり方を岡は希求していた。

## 見る処花にあらずといふ事なし

岡は美というものを、どう考えていたのだろうか。彼はこんなふうに書いている。

「美が実在するというのはうそで、本当は美などはないのです。情緒があって美が外に出るのであって、外に美があって情緒で受けるのではないということです」

（「絵画教育について」）

芸術作品や美しい風景というものが外側に実在するわけではなく、それらにふれたときに「いいな」と直観する。それが情緒である。この情緒が美を生み出す。

しかし、それを妨げるものがある。それを岡は「動物性」という言葉で表し、「現在最も恐ろしいものは『動物性』であると述べている。

岡のいう動物性とは、現実の動物の性質を意味しているわけではなく、自分の都合や欲望の満足を最優先することである。人間以外の動物にとって、自分の生存や繁殖と関係のないものは基本的に関心の対象ではない。どんなに美しい花が咲いていようと、それを食べない動物には無関係な存在である。

しかし、人間はちがう。人間は自分の生存や繁殖と直接かかわらない花鳥風月のようなものに情緒を感じ、だいじにするという文化を育ててきた。その文化が、いわゆる人間らしさのだいじな部分を形作ってきた。とりわけ、日本人はこの情緒を自然全体に押し広げてきたと岡はいう。

岡はこんなふうに述べている。

「フランスは緯度が高いですから夏が愉快である。それで夏は愉快だが、冬は陰惨だという。これは好き嫌いと同じで、夏は好きだが冬は嫌いだというのです。晴れた日は好きだが、雨の日は嫌いだ。こんなふうになる。日本人はそうではない。日本人は情緒の世界に住んでいるから、四季それぞれ良い。晴れた日、曇った日、雨の日、風の日、みなとりどりに趣きがあって良い。こんなふうで全て良いとする」

（「日本民族の危機」）

これは「我」を中心にすえて世界をとらえる西洋と、仏教的な「無我」や「無常」の思想にもとづいた日本的なとらえかたのちがいと見ることもできる。西洋的な見方では、世の中には美しいものと美しくないものがある。ならば、美しくないものを美しいものに変えていこう。そうやって自然や社会や人間に手を加えて、美しいものを建設することが人間の中心的な営みになる。

しかし、日本的なとらえかたでは、いっさいはうつろいやすく、美しいものも、やがては朽ちて滅びていく。そのうつろいやすさをもふくめて、この世のすべてを美しいものとして味わおうとするのが情緒である。花鳥風月だけが美しいのではない。朽ち果てた小屋や、枯れて萎れた花や、道端の石ころであっても、情緒をとおすことによって、それらは味わい深く、美しいものとして立ち現れる。岡も深い影響を受けた俳人・芭蕉の『おくのほそ道』に次のような句がある。

蚤虱《のみしらみ》馬の尿《ばり》する枕もと

芭蕉が東北の山中の家で一夜を過ごしたときに詠んだ句だ。ノミやシラミにたかられるわ、枕元で馬は小便をするわで、まったくとんでもない夜だった、といった意味だが、芭蕉はけっして、それを嫌悪しているわけではなく、その一夜の災難を、おかしみを感じさせる旅ならではの風情として表現している。

先ほど述べたように、情緒とは美しいものと美しくないものを分けない。きれいなものと汚いものを分けない。それらを等しく美しいものとして味わう。そのことを芭蕉は「見る処花にあらずといふ事なし。おもふ所月にあらずといふ事なし」(『笈の小文』)と述べている。見るものすべてが花のように美しく、心に思うものすべてが月のように美しい。目のとどくかぎり、美しいものしか存在しない。つづけて、芭蕉は「像《かたち》花にあらざる時は夷狄《いてき》にひとし。心花にあらざる時は鳥獣に類す。夷狄を出、鳥獣を離れて、造化にしたがひ、造化にかへれとなり」と書く。

もし、形あるものに花が見えないとしたら、それは夷狄(野蛮人)と同じであり、心に花が浮かばないとしたら、それは鳥や獣のようなものだ。天地自然の理にしたがい、天地自然に還るのだ。芭蕉のいう夷狄や鳥獣は、岡潔のいう「動物性」を連想させる。

## 旅することと学ぶこと

情緒を感じる能力とは、どのようにして身につくのだろうか。それは人間に生まれつき備わっているものなのだろうか。

よく芸術を鑑賞するとき、先入観や偏見にとらわれず、無心に、虚心坦懐に作品に向き合いなさいなどといわれる。それは、まちがってはいない。しかし、生まれてまもない幼子でもないかぎり、われわれはすでに先入観や偏見にまみれている。無心になりたくても、そうかんたんには無心になどなれない。単調な日常がつづけばつづくほど、われわれはいやおうなく機械的に日々をやり過ごすようになり、新鮮に物事を感じることがむずかしくなっていく。

芭蕉もそうだった。芭蕉はふだんは門人に俳諧の指導を行なったり、会合に出席したりしていたが、一つの処にとどまっていると詩心が薄れてくるのを感じた。そんなとき、芭蕉は「片雲の風にさそはれて、漂泊の思ひやまず」と書いているように、いてもたってもいられなくなり旅に出た。

旅は、われわれの感性を日常の文脈から解き放ってくれる。新しい環境の中に、からだごと入っていき、五感をフルに働かせて、新しい刺激を受けとる。ふだんは会う機会のない人たちと言葉を交わし、日常ではけっして口にすることのないようなものを食べる。

とくに芭蕉の時代は、現代とちがって、旅は命がけだった。街灯もなく、鉄道も車もなく、人里を離れれば、すぐさま自然の真っ只中だった。夜の月明かりは煌々とあたりを照らし出し、月のない夜は漆黒の闇に覆われた。地上の旅はそのまま異界への旅だった。そこでは日常の暮らしの中では眠っていた感覚がいやおうなく研ぎ澄まされる。芭蕉は、そんな感性を回復するために、くりかえし旅にでた。

旅にくわえて、もうひとつ芭蕉が教えてくれることがある。それは「学ぶ」ということだ。芭蕉は、古今和歌集や新古今和歌集、万葉集といった日本の古典や中国の漢詩など先人の作品に広く親しみ、それらを真似した句を多く作っている。『笈の小文』の序でも、西行、宗祇、雪舟、利休らの名をあげて、そこをつらぬく風雅の道に自分もまた付き従っていることをさりげなくアピールしている。学びは真似ることからはじまる。

しかし、真似ばかりしたら、先入観や偏見にとらわれ、無心になれないのではないか、と思うかもしれない。まちがってはいない。先人の見方や解釈にとらわれて、その視点からしか物事を見られなくなってしまうなら、それは先入観や偏見を強化するだけになりかねない。

しかし、自分一人だけで切り開くことのできる感性には限界がある。オリジナリティのある作品というのは、だれの影響も受けていないという意味ではない。人のつくった曲を聞いた経験がないのに、自分の曲をつくることはできない。だれかがつくった、さまざまな曲を真似して学んでいくなかで、自分がとらわれている癖や先入観に気づくとともに、自分のオリジナルな感性が育ってくる。

芭蕉も、先人の詩を深く学ぶことによって「こんなところにも美を見いだせるのか」という発見を重ねて美の範囲を押し広げ、ついには「見る処花にあらずといふ事なし」という感性へとつながったのである。

## 情緒を育てるには

数学者の岡潔は、情緒はどのように育つと述べているのか。それについて直接的に答えてはいないが、岡は「目の前によいものがある場合にこれをよいと見るほど簡単なことはないと思うのに、これがなかなかできない」のは「智力の垢が取れないから」といういい方をしている。逆にいえば、智力(人間の直観の働き)に付着している垢を除くことが、情緒を育てることにつながるといえる。

垢を除くために自分がしてきたこととして岡は「念仏を唱える」「少しも打算、分別の入らない行為をする」「他を先にし自分を後にする」などをあげている。そこには岡が深く信奉していた仏教思想の影響が見られる。いわば、私欲を離れた利他の思想だ。しかし、それは自己犠牲ではない。自己は他者に支えられている。他者を利することが、自己を活かすことになる。もともと自他には区別はなく一体だ。だからこそ、よいものがよいとわかる。それが自然ということである。つまるところ岡が述べているのは、「自然であれ」ということだ。自然とは本来「打算、分別が入らない」し、「私」というものもなく、おのずからなる力を秘めている。スミレが自然にスミレとなり、レンゲがレンゲになるように、人もまた、つとめて、なにかになろうとしなくても、私意私情にこだわらなければ、自然にその人になる。そのあり方を大切にすることが日本的情緒だという。

岡の情緒の思想は、いまひとつ漠然として、とらえがたいところがある。情緒を育むにはこうすればいいと明言するのはむずかしく、こうしなさい、といった作為を捨てることでしか情緒には近づけないからかもしれない。それは次のような言葉からもうかがえる。

「敬虔ということで気になるのは、最近『人づくり』という言葉があることである。人の子を育てるのは大自然なのであって、人はその手助けをするにすぎない。『人づくり』などというのは思いあがりもはなはだしいと思う」
（「日本的情緒」）

自然を鏡として「我」を解消していく。そのときに情緒が生まれ、美が立ち現れる。その美をとおして善を知り、善をとおして美に出会う。真善美の結び目となる感性が情緒にほかならない、と岡は考えていた。

その情緒が顧みられなくなっていることを岡は憂えていた。「情緒の中心がそこなわれると人の心は腐敗する。社会も文化もあっという間にとめどなく悪くなってしまう」（「春宵十話」）、「情緒というものは、人本然のもので、それに従っていれば、自分で人類を滅ぼしてしまうような間違いは起こさないのです。現在の状態ではそれをやりかねないと思うのです」（「人間の建設」）

岡が世を去ってから約半世紀が過ぎた。岡が使った意味で情緒が語られることより、情緒不安定という用語で、この言葉を目にする機会が多くなったのは残念だ。脳内の論理的な思考に偏重して、身体という自然をとおした情緒的感性は、ますますないがしろにされている。その意味では岡の予想は外れていない。情緒なくして「美しい」はありえない。

あとがき

# 「美しい」の境界を飛び越えよう

この本では、文化や時代の境界を越えて、美しいという感じ方を広げるためのヒントになりそうな話題を、いろいろ取り上げてみた。これまで「美」について論じたものというと、芸術や美学にかかわるものが多かったが、ここでは「美とはなにか」ということより、「美しい」という感じ方がじつに多様であることを見るために、なるべく具体例を取り上げ、さまざまな角度からアプローチしてみた。世界にはいろんな美のカタチがあるというだけでなく、その感じ方の背景にもなるべくふれるようにした。テーマが広範《こうはん》なので書き足りないところもたくさんあるけれど、この本を読まれた方が、自分の中にある「美しい」の境界を飛び越えて、その外側にある「美しい」を見出すヒントをつかんでもらえたら、うれしく思う。

人間以外の動物も、人間と同じく、なにかを見て美しいと感じるかもしれない。けれども、動物が感じられる美しさというのは、種によってある程度、決まっている。羽を広げたクジャクのオスを見て魅力を感じるのは、クジャクのメスだけである。ほかの鳥にとっては、どんなにみごとなクジャクの羽も関心を引くものではない。

けれども、人間はちがう。人間には、他者が美しいと感じているものに共感する力がある。人間は、自分の生存戦略とは関係のないクジャクの羽を見ても美しいと感じるし、ウグイスのオスがメスの気を引くための歌を聞いても美しいと感じる。動物は、みずからの感じる美しさの境界を越えられないけれど、人間は、想像力によって境界を越えることができる。

一方で、「こんなものは美しくない」「こんなものは価値がない」と境界をもうけるのも人間である。それは本人の属する文化にも影響される。でも、人間にはその文化の境界を越えていく力もある。現代は社会が複雑化し、さまざまな情報がたえず行き交《か》っている時代だ。そこに生きるわれわれは、多かれ少なかれ、価値観の揺らぎのなかに置かれていて、なにが美しいか自分でもわからなくなっているように思う。だいじなことは文化や伝統が築き上げてきた美しさ、あるいは自分の慣れ親しんだ美しさがすべてだと思わず、新しい感じ方に対して心を柔軟に開いておくことだと思う。

最後に、イタリアのアルベルト・ガルッティが二〇〇〇年に発表したアート・プロジェクトにふれておきたい。それは市内のどこかの病院で赤ちゃんが誕生するたびに、町中のいろんなところに設置された街灯《がいとう》から三〇秒間、いつもより明るい光が放たれるという、そんな仕掛けである。

夜、大勢の人や車の行き交う橋の上に設置された街灯から、ときおり明るい光が放たれる様子がテレビで紹介されていた。川べりを行き交う人の中には、絶望や悲嘆《ひたん》にくれている人もいるかもしれない。そんな人がふと目をあげて、そこに街灯の明るい光を見て、新しい生命が地上に誕生したことを知るとき、なにを思うだろう。なにも感じない人もいるだろうが、そのとき、一瞬、世界がちがって見えるように感じる人もいるのではないか。そう感じられるとしたら、それは街灯の光を見るとき、人は、自分という境界の外側に出て、自分の生きているこの世界の不思議さを感じるからではないか。そんなとき世界は美しく見えるのではないだろうか。ちなみに、このプロジェクトが最初に発表されたのは「オーヴァー・ジ・エッジズ」（境界を越えて）という名の展覧会だった。

この本を書くにあたって、多くの方々の本や研究を参照させていただいた。蔵前仁一さんからはアフリカの仮面やインド民俗画のコレクションを貸していただいた。敬愛する写真家の野町和嘉さんからはエチオピアのスルマの写真を、北村浩志さんからはタイのカヤンの写真を貸していただいた。つつしんでお礼を申し上げたい。なお、この本は書き下ろしだが、各章末に収めたコラムは、これまで雑誌やブログに発表したエッセイに手を加えたものである。

世界にある、さまざまな「美しさ」を見るのではなく、世界を美しいと見るための、さまざまな見方をさがしたい。この本のタイトルが「美しさ」ではなく、「美しい」をさがす旅であるのは、そのためである。すてきなタイトルを考えてくださった白水社の岩堀雅己さんに深く感謝したい。

二〇〇九年三月

田中真知

増補新版のためのあとがき

# 日々、小さな賛美を

女偶《じょう》氏はまた、別の妖精のことを話した。これはたいへん小さなみすぼらしい魔物だったが、常に、自分はある小さな鋭く光ったものを探しに生まれてきたのだと言っていた。その光るものとはどんなものか、誰にも解らなかったが、とにかく、小妖精は熱心にそれを求め、そのために生き、そのために死んでいったのだった。そしてとうとう、その小さな鋭く光ったものは見つからなかったけれど、その小妖精の一生はきわめて幸福なものだったと思われると女偶氏は語った。

中島敦『悟浄出世』

古典文学の大きなテーマの一つは賛美だ。ギリシアの詩人ホメロスは、神々が支配する自然の力や英雄の勇気を賛え、ローマの詩人ウェルギリウスは田園の暮らしや四季の変化の美しさを賛えた。万葉集や枕草子のような日本の古典文学も、中国の詩も、自然への畏敬や感謝をうたっている。宗教は、神の栄光をほめそやし、被造物の美しさ、地上の恵みの豊かさを賛える。歌や踊り、絵画や彫刻などの芸術表現も、偉大なもの、心を動かすものへの賛美をぬきには語れない。

本書でも見てきたように、賛美の対象は、時代や地域や文化によってさまざまだ。西洋では、おもに偉大なもの、不変なものに、日本では小さなもの、はかないもの、滅びるものに、人は美を見出してきた。美は人と離れて存在するものではなく、人が見出すことによって創造される。賛美とは、とりもなおさず美を創造することだ。

なぜ、人間にとって賛美が重要だったのか。

人は賛美をとおして、自己中心的な視点を超えて、外界や他者とのつながりを確認する。それは他者の尊重や、自分を支えてくれているものへの感謝と結びついている。社会的動物である人間にとって、賛美は、他者との協力や、信頼にもとづく社会を構築するうえで不可欠な感性であっただろう。だとするなら、ヒトを人間たらしめた大きな要因の一つは、ヒトが「賛美する動物」であったことなのではないか。

一方で、賛美の対象への執着には危うさもある。これは美しいものだ、と絶対視してしまうと、それ以外の美しさが見えなくなってしまう。ヒトラーやナチスドイツへの賛美が、ユダヤ人の迫害に結びついたように、特定のなにかを賛美し、それを権威と見なすことは、それ以外のものの否定や攻撃につながる。もともと芸術は権威と結びつきやすい。王冠や宝剣、絵画や彫刻も権威や権力を誇示する威信財として扱われてきた。芸術が贅沢や娯楽ととらえられがちなのも、そのためだ。

いまわれわれに必要なのは、日々の小さな賛美ではないだろうか。権威化された「美しいとされるもの」ではなく、だれでも生きていれば、日々、経験している小さな出来事への賛美。風に舞う落ち葉に心を奪われたり、水たまりに映る雲に見とれたり、風が運んできた香りに古い記憶がよみがえったりなど、五感をとおして、心がほのかに温められたり、こわばりをほぐしてくれたりする日常の経験を言祝《ことほ》ぐこと。

それらはあまりにもささやかなので、取るに足らないもの、なかったものとされて人生の一部としてすら意識されないかもしれない。注意深く受けとめないかぎり、その存在を意識することもないままスルーされてしまいかねない。だからこそ、それらは権威や価値にからめとられることもなく、悲嘆に暮れているときや絶望に沈んでいるときでさえ、空気や水や光のように、最後まで自分を見捨てず、寄り添ってくれる。日常にあふれてかえっている数々の小さな「美しい」を賛えることが、美しいをさがす旅のはじまりになるのだと思う。

そんな美しいをさがす旅のひとつの形を、写真家・編集者・旅ライターの松岡宏大さんの「ひとりみんぱく」という発想にも感じた。最後に紹介しておきたい。

松岡さんの部屋は、インドやチベット、東南アジア、アフリカなど旅先で入手した絵画や彫刻、土器、仮面、絨毯など多岐にわたる品々であふれている。かならずしも値打ち物というわけでもない。中にはガラクタにしか見えないものもある。

その松岡さんが、あるとき大阪の民博（国立民族学博物館）を訪れた。そこに展示されている文物を見て、「これなら、うちにもある」と思ったという。屈指の民族学コレクションを誇る民博が「うちにもある」とは大胆だが、松岡さんは書いている。

(うちにある)文物は世間的な価値とはまったく無縁だが……日本に帰ったあと、部屋で一緒に旅の思い出を語り合える話し相手のようなものであることが重要だと考えている。……蒐集の基準は、常に「個人的な旅の記憶」と「人とつながり」に置いている。……蒐集した品々をあらためて見返してみたが、本当に役に立たないものばかりだ。残念。同時に、僕にとってはかけがえのないものばかりだ。……僕はこれらを手に入れたときに出会った人たちの顔や祈りの景色を思い出すだろう。そこで吹いていた風や夜空を満たす星のことを思い出すだろう。

(『ひとりみんぱく』)

自分ひとりの民博だからと、松岡さんは自分のコレクションを「ひとりみんぱく」と名づけた。本家の民博とは学術的価値も規模も比べ物にならない。それでも、それらは縁あって出会い、個人的な旅の記憶と結びついている。役には立たなくても、本物の民博以上に心動かされたものばかりでできている。それぞれが自分の旅の思い出や、そこで出会った人たちにつながる物語をはらんでいる。それは自分がこの世に生きた証にほかならない。

価値があろうがなかろうが、自分の心が動き、ああ、いいなと感じる瞬間をていねいに味わい、その記憶を心の中に蒐集して、好きなときに取り出して見つめることができるなら、それは形あるコレクションではなくても、自分だけの内なる「ひとりみんぱく」である。だれの中にも、気づかないだけで、そんな「ひとりみんぱく」が存在しているはずだ。あなたの「ひとりみんぱく」の中には、どんなものが並んでいるのだろう。

本書の原本は二〇〇九年に出版された。ありがたいことに中学や高校の国語教科書に掲載されたり、入試問題などにも多数引用されたりしてきた。長らく品切れになっていたが、第5章「美しいは感じるもの」を加えて、増補新版として刊行することになった。サプールのすてきな写真を貸してくださったカメラマンのＳＡＰ ＣＨＡＮＯさん、今回もお世話になった白水社の岩堀雅己さんに深く感謝したい。

田中真知

二〇二四年十一月

# 主な参考文献

## 1章


ヘロドトス『歴史』松平千秋訳、岩波書店、一九七一年
パウサニアス『ギリシア案内記』馬場恵二訳、岩波書店、一九九一年
ピエーロ・カンポレージ『風景の誕生』中山悦子訳、筑摩書房、一九九七年
アラン・コルバン『風景と人間』小倉孝誠訳、藤原書店、二〇〇二年
M・H・ニコルソン『暗い山と栄光の山』小黒和子訳、国書刊行会、一九九四年
石川美子『旅のエクリチュール』白水社、二〇〇〇年
『ペトラルカ ルネサンス書簡集』近藤恒一訳、岩波書店、一九八九年
モンテーニュ『モンテーニュ旅日記』関根秀雄／斎藤広信訳、白水社、一九九二年
スタンダール『イタリア紀行』臼田紘訳、新評論、二〇〇三年
ゲーテ『イタリア紀行』相良守峯訳、岩波書店、一九六〇年
オギュスタン・ベルク『日本の風景・西欧の景観』篠田勝英訳、講談社、一九九〇年
ピーター・マレー『ピラネージと古代ローマの壮麗』長尾重武訳、中央公論美術出版、一九九〇年
谷川渥『廃墟の美学』集英社、二〇〇三年
谷川渥編『廃墟大全』中央公論新社、二〇〇三年
岡田昌彰『テクノスケープ』鹿島出版会、二〇〇三年
五十嵐太郎『美しい都市・醜い都市』中央公論新社、二〇〇六年
『土木学会誌』二〇〇九年一月号（「特集　産業景観」vol.94 no.1）、土木学会
『建築雑誌』二〇〇九年一月号（「特集　新景観」）、日本建築学会
加藤典洋『日本風景論』講談社、一九九〇年
ジョン・ブルックス『楽園のデザイン』神谷武夫訳、鹿島出版会、一九八九年
鳥越輝昭『ヴェネツィアの光と影』大修館書店、一九九四年
佐野敬彦『ヨーロッパの都市はなぜ美しいのか』平凡社、二〇〇八年

石井哲・大山顕『工場萌え』東京書籍、二〇〇七年
後藤明・門田修「イルカのくる渚」『パプアニューギニア・ニューアイルランド島から［DVD］』所収、海工房、二〇〇四年

**2章**

西岡文彦『モナ・リザの罠』講談社、二〇〇六年
ビューレント・アータレイ『モナ・リザと数学』高木隆司／佐柳信男訳、化学同人社、二〇〇六年
マリオ・リヴィオ『黄金比はすべてを美しくするか?』斉藤隆央訳、早川書房、二〇〇五年
桜井進『雪月花の数学』祥伝社、二〇〇六年
木全賢『デザインにひそむ〈美しさ〉の法則』ソフトバンククリエイティブ、二〇〇六年
三井秀樹『形の美とは何か』日本放送出版協会、二〇〇〇年
本多勝一『極限の民族』朝日新聞社、一九九四年
山本桂子『お化粧しないは不良のはじまり』講談社、二〇〇六年
石田かおり『化粧せずには生きられない人間の歴史』講談社、二〇〇〇年
井上章一『美人論』朝日新聞社、一九九五年
井上章一『美人コンテスト百年史』朝日新聞社、一九九七年
ドミニク・パケ『美女の歴史』木村恵一／石井美樹子訳、創元社、一九九九年
斗鬼正一『目からウロコの文化人類学入門』ミネルヴァ書房、二〇〇三年
"Niger's dandy Gerewol festival",The Times, 4 July 2004.
Carol Beckwith, "Niger's Wodaabe: People of the Taboo", NATIONAL GEOGRAPHIC, OCT 1983.
David Turton,"Lip-plates and the people who take phorographs",ANTHROPOLOGY TODAY VOL.20 NO 2, APRIL 2004.
須藤廣「現代の観光における「まなざし」の非対称性――タイの山岳民族「首長族（カヤン族）」の観光化を巡って」（『都市政策研究所紀要第1号』所収）、二〇〇七年三月発行
www.kitakyu-u.ac.jp/iurps/publication/01_bulletin/2007/01_3.pdf
Andrew Harding,"Burmese women in Thai 'human zoo'",BBC News 2008.
http://news.bbc.co.uk/asia-pacific/7215182.stm

福井勝義『認識と文化』東京大学出版会、一九九一年
http://www.globalbeauties.com/（グローバル・ビューティーズ・コム）
「かたち＊遊び　おもしろ図形　螺旋」http://www.geocities.co.jp/Technopolis-Mars/2607/index.html
石山彰監修『西洋のヘア・ファッション』ポーラ文化研究所、一九八八年
『日本の化粧』ポーラ文化研究所、一九八九年

## 3章

Frank Willett, "AFRICAN ART", Thames & Hudson 1971.
小川弘『アフリカのかたち』里文出版、二〇〇一年
吉田憲司『文化の「発見」』岩波書店、一九九九年
川田順造『アフリカの心とかたち』岩崎美術社、一九九五年
森雅秀『マンダラ事典』春秋社、二〇〇八年
『旅行人』二〇〇四年秋号（特集「インド民俗画の世界」）、旅行人、二〇〇四年
小西正捷／本間正義監修『インド部族芸術展図録』読売新聞社、一九八八年
David Lewis-Williams, Thomas Dowson, "Images of Power", Southern Book Publishers 1989.
David Lewis-Williams, "The Mind in the Cave", Thames & Hudson 2004.
アンドレアス・ロンメル『美のあけぼの』大林太良訳、社会思想社、一九六四年
ハワード・モーフィ『アボリジニ美術』松山利夫訳、岩波書店、二〇〇三年
小山修三ほか編『アボリジニ現代美術展』現代企画室、二〇〇三年
一澤あや『チュリンガ　夢の構図』（私家版、一九九九年）
Thierry Secretan, *Il fait sombre, va-t'en*, Editions Hazan, 1994
川口幸也「アートになりきれない棺桶——ガーナの装飾棺桶をめぐる報告」（『民族藝術』vol.21）所収、二〇〇五年
岡谷公二『郵便配達夫シュヴァルの理想宮』作品社、一九九二年
『アウトサイダー・アート展カタログ』求龍堂、二〇〇〇年
服部正『アウトサイダー・アート』光文社、二〇〇三年

http://eshopafrica.com/acatalog/Ga_Coffins.html（ガーナの棺桶の販売サイト）
ウンベルト・エーコ『美の歴史』植松靖夫／川野美也子訳、東洋書林、二〇〇五年

**4章**

A・R・ウォーレス『マレー諸島』新妻昭夫訳、筑摩書房、一九九三年
新妻昭夫『種の起原をもとめて』朝日新聞社、一九九七年
マーシャル・マクルーハン『グーテンベルクの銀河系』森常治訳、みすず書房、一九八六年
渡辺茂『ピカソを見わけるハト』日本放送出版協会、一九九五年
M・グッデイル／D・ミルナー『もうひとつの視覚』鈴木光太郎／工藤信雄訳、新曜社、二〇〇八年
Timothy H. Goldsmith, 'What Birds See' ("Scientific American", July 2006) 所収
レス・カフマン「サンゴの海の万華鏡」（『ナショナル・ジオグラフィック』日本版、二〇〇五年五月号所収）
藤田和生『動物たちのゆたかな心』京都大学学術出版会、二〇〇七年
鈴木晃『夕陽を見つめるチンパンジー』丸善、一九九二年
高木雅行『タテジマ飼育のネコはヨコジマが見えない』ソフトバンククリエイティブ、二〇〇八年
I・レンチュラー・エプスタイン／B・ヘルツバーガー編『美を脳から考える』野口薫／苧阪直行訳、新曜社、二〇〇〇年
岩田誠『見る脳・描く脳』東京大学出版会、一九九七年
小泉英明編著『脳科学と芸術』工作舎、二〇〇八年
オリヴァー・サックス『火星の人類学者』吉田利子訳、早川書房、一九九七年
日高敏隆『動物と人間の世界認識』筑摩書房、二〇〇三年
岡ノ谷一夫『小鳥の歌からヒトの言葉へ』岩波書店、二〇〇三年
小西正一『小鳥はなぜ歌うのか』岩波書店、一九九四年
坂井建雄『謎の解剖学者ヴェサリウス』筑摩書房、一九九九年
ラ・スペコーラ美術館『解剖百科』タッシェンジャパン、二〇〇二年
バーバラ・M・スタフォード『ボディ・クリティシズム』高山宏訳、国書刊行会、二〇〇六年
タイモン・スクリーチ『大江戸視覚革命』田中優子／高山宏訳、作品社、一九九八年

土井利位『雪華図説・雪華図説新考（正・続）』築地書館、一九八二年

**5章**

茶野邦雄『ＴＨＥ ＳＡＰＥＵＲ コンゴで出会った世界一おしゃれなジェントルマン』オークラ出版、二〇一六年
ＳＡＰ ＣＨＡＮＯ『Yohjiを愛したサプール』学研プラス、二〇一九年
ＮＨＫ「地球イチバン」制作班、影嶋裕一『WHAT IS SAPEUR？ 貧しくも世界一エレガントなコンゴの男たち』祥伝社、二〇一五年
ダリーク・ザイディ『ＳＡＰＥＵＲＳ ファッションで道を切り拓く、サプールという生き方』ヤナガワ智予訳、青幻舎、二〇二一年
田中真知『たまたまザイール、またコンゴ』偕成社、二〇一五年
ヤーデン・カッツ『ＡＩと白人至上主義』庭田よう子訳、左右社、二〇二二年
西田宗千佳『生成ＡＩの核心』ＮＨＫ出版、二〇二三年
松田雄馬『人工知能はなぜ椅子に座れないのか』新潮社、二〇一八年
The Real State of Beauty
https://www.dove.com/nz/stories/campaigns/global-state-of-beauty.html
美術手帖編集部『美術手帖 ＡＩと創造性』二〇二四年十月号、美術出版社、二〇二四年
岡潔『春宵十話』角川書店、二〇一四年
岡潔『春風夏雨』角川書店、二〇一四年
小林秀雄・岡潔『人間の建設』新潮社、二〇一〇年
岡潔『数学する人生』、森田真生編、新潮社、二〇一九年
松岡宏大『ひとりみんぱく』国書刊行会、二〇二四年
マリノフスキ『西太平洋の遠洋航海者』増田義郎訳、講談社、二〇一〇年
市岡康子『ＫＵＬＡ貝の首飾りを探して南海をゆく』コモンズ、二〇〇五年
市岡康子『アジア太平洋の民族を撮る「すばらしい世界旅行」のフィールドワーク』弘文堂、二〇二三年

## 掲載図版一覧（収蔵先を明記していない図版は著者蔵）

17頁　古代世界の七不思議（http://en.wikipedia.orgより）

27頁　クロード・ロラン「カンポ・ヴァチーノの眺め」（パリ、ルーヴル美術館）

31頁上　フランスのヴェルサイユ宮殿の庭（http://en.wikipedia.orgより）

31頁下　京都の竜安寺の石庭（http://en.wikipedia.orgより）

35頁　ピラネージ「ネロの水道橋」（P・マレー『ピラネージと古代ローマの壮麗』より）

39頁　フリードリヒ「樫の森の修道院」（ベルリン国立美術館）

43頁　首都圏外郭放水路の調圧水槽

52頁　アルハンブラ宮殿の「ライオンの中庭」

55頁　レオナルド・ダ・ヴィンチ「モナ・リザ」（パリ、ルーヴル美術館）

62頁下　アンモナイト

65頁　レオナルド・ダ・ヴィンチ「人体図」（ヴェネツィア、アカデミア美術館）

69頁　葛飾北斎「神奈川沖浪裏」（http://en.wikipedia.orgより）

74頁　お歯黒（『日本の化粧』ポーラ文化研究所より）

79頁　ラーヘテプとネフェルトの像（カイロ、エジプト考古学博物館）

81頁上　18世紀のかつら（ポーラ文化研究所『西洋のヘア・ファッション』より）

81頁下　18世紀の風刺画（ＩＮＡＸギャラリー『天辺のモード』より）

91頁　ワダベの美男コンテスト（http://en.wikipedia.orgより）

93頁　エチオピアのスルマの女性（photo: Nomachi Kazuyoshi）

99頁　カヤンの家族（photo: Kitamura Hiroshi）

106頁　ピトラ画（photo: Kuramae Jinichi）

# 掲載図版一覧

112〜113頁　アフリカの仮面［7点］（うち2点は蔵前仁一氏蔵）
117頁　インド大衆画（蔵前仁一氏蔵）
119頁　ミティラー画（同右）
121頁　ワルリー画（同右）
123頁　ゴンド画（同右）
125頁　チベットの砂マンダラ（http://en.wikipedia.orgより）
127頁　ガーナの装飾棺桶（Thierry Secretan *Il fait sombre,va-t'en*より）
137頁上　ブロンボス洞窟の赤鉄鋼（http://en.wikipediaorgより）
137頁下　ラスコー洞窟の壁画（http://en.wikipedia.orgより）
140頁　ブッシュマンの岩壁画（David Lewis-Williams. *Images of Power*より）
143頁　アボリジニの現代絵画（小山修三ほか編「アボリジニ現代美術展」より）
150〜151頁　シュヴァルの理想宮（http://en.wikipedia.orgより）
177頁　ヴェサリウス「ファブリカ」挿絵（坂井建雄「謎の解剖学者ヴェサリウス」より）
179頁　ヘッケル「放散虫」（*Kunstformen der Natur*より）
183頁上　山東京伝「松梅竹取談」より
183頁下　土井利位「雪華図説」より
185頁　エルサレム
198〜199頁　サプール（photo : SAP CHANO）

## 田中真知　たなか・まち

一九六〇年生まれ。作家、立教大学観光研究所研究員。エジプトに暮らし、中東やアフリカを広く旅して回った経験を元に旅やコミュニケーションなどをテーマとした著作を発表。著書に『ある夜、ピラミッドで』（旅行人）、『孤独な鳥はやさしくうたう』（旅行人）、『旅立つには最高の日』（三省堂）、『風をとおすレッスン』（創元社）など多数。コンゴ河を丸木舟などで下る旅を綴った著書『たまたまザイール、またコンゴ』（偕成社）で第一回斎藤茂太賞特別賞を受賞。あひるとかっぱの人形とともに旅をするあひる商会ＣＥＯの顔もある。

https://www.facebook.com/bozenkun
https://www.facebook.com/groups/ahirushokai　あひる商会
https://x.com/bozenkun

美しいをさがす旅にでよう〔増補新版〕

二〇二四年一二月一〇日 印刷
二〇二四年一二月三〇日 発行

著者 © 田中真知
発行者 岩堀雅己
印刷所 株式会社 精興社
発行所 株式会社 白水社

東京都千代田区神田小川町三の二四
電話 営業部〇三（三二九一）七八一一
　　 編集部〇三（三二九一）七八二一
振替 〇〇一九〇-五-三三二二八
郵便番号 一〇一-〇〇五二
www.hakusuisha.co.jp
乱丁・落丁本は、送料小社負担にてお取り替えいたします。

加瀬製本

ISBN978-4-560-09154-8

Printed in Japan